U0647784

四部要籍選刊・經部　蔣鵬翔　主編

阮刻周禮注疏　六

〔清〕阮元　校刻

浙江大學出版社

本册目録

附釋音周禮注疏卷第二十五

鄭氏注　賈公彥疏

占夢掌其歲時觀天地之會辨陰陽之氣其歲時今歲四時也天地之會建厭所處之日辰陰陽之氣休王前後。夢本又作寢音同厭於琰反王于況反〔疏〕注其歲至前後○釋曰鄭云其歲時今歲四時也者但天地之會陰陽之氣年年不同若今歷日今歲亦與前歲不同故云今歲四時也云天地之會建厭所處之日辰者建謂斗柄所建謂之陽建故左還於天厭謂日前一次謂之陰建故右還於天故堪輿天老曰假令正月陽建於寅陰建在戌日辰者日據幹辰據支云陰陽之氣休王前後者案春秋緯云王者休王所勝者死相所勝者囚假令春之三月木王水生木水休木勝土土死木王火相王所生者相相所勝者囚火勝金春三月金囚以此推之火王金王水王義可知觀此建厭所在辨陰陽之氣以知吉凶也

以日月星辰占六夢之吉凶日月星辰謂日月之行及合辰所在春秋昭三十一年十二月辛亥

朔日有食之是夜也晉趙簡子夢童子倮而轉以歌旦而日食占諸史墨對曰六年及此月也吳其入郢乎終亦弗克入郢必以庚辰日月在辰尾庚午之日日始有謫火勝金故弗克此以日月星辰占夢者其術則今八會其遺象也用占夢則亡○倮魯火反轉如字又張戀反郢以井反劉餘政反適直革反

〔疏〕以日至吉凶○釋曰六夢者即下云一曰二曰是也以日月星辰占知者謂夜作夢旦於日月星辰占以占其夢以知吉凶所在○注日月至則亡○釋曰張逸問夢注云春秋昭三十一年十二月辛亥朔日有食之是夜也趙簡子夢童子倮而轉以歌旦而日食占諸史墨對曰六年及此月也吳其入郢乎終亦弗克入郢必以庚辰日月在辰尾庚午之日日始有謫火勝金故弗克此以日月星辰占夢者不知何術占之前問不了答曰日月在辰尾夏之九月辰在房未有尾星建戌厭寅寅與申對辰與戌對申近庚辰與戌對故知庚辰辰下爲主人故下爲主人金侵火故不勝雖不勝即復故云弗克日有適氣時九月節者以庚午在甲子篇辛亥在甲辰篇也中有甲戌甲申甲午戌一月也從庚午以下四日從甲辰至辛亥八日并之十二日通同四十二日如是庚午之日當在八月十九日故言時得九月節也言雖不勝即復者以其庚金午火位相連故云雖不勝即復也言

雖不勝者吳君臣爭宮秦救復至不能定楚是其不勝不能
損吳是明即復也問曰何知有此厭對之義乎荅曰按堪輿
黃帝問天老事云四月陽建於巳破於亥陰建於未破於癸
是爲陽破陰陰破陽故四月有癸亥爲陰陽交會十月丁巳
爲陰陽交會言未破癸者即是未與丑對而近癸也交會雖
有四月十月也若有變異之時十二月皆有建厭對配之義
也云則今八會其遺象也者按堪輿大會有八也小會亦有
八服氏云是歲歲在析木後六年在大梁大梁水宗十一月
日在星紀爲吳國分楚之先顓頊之子老童老童楚象行歌
象楚走哭姬姓日月在星紀星紀之分姬姓吳也楚衰則吳
得志吳世世與楚怨楚走去其國故曰吳其入郢吳屬水水
數六十月水位故曰六年及此月也有適而食故知吳終亦
不克又彼注云後六年定四年十一月閏餘十七閏在四月
後其十一月晦晦庚辰吳入郢在立冬後復此月也十二月
辛亥日會月於龍尾而食庚午日初有適故曰庚辰一日日
月在辰尾尾爲亡臣是歲吳始用子胥之謀以伐楚故天垂
象又注云午火庚金也火當勝金而反有適故爲不克晉諸
侯之霸與楚同盟趙簡子爲執政之卿遂衷將伐同盟日應
之食故夢發簡子服氏以庚午之日日始適火勝金故不克
入楚必以庚辰此與鄭義別其餘畧相依也問曰周之十二

月夏之十月日夏禮正應在析木而云在星紀何者曰據此月中有十一月節故鄭言之成長以爲誤也此六夢蓋三王同有六夢法也。一曰正夢無所感動平安自夢〔疏〕注無所至自夢○釋曰鄭知無無感動平安自夢者以其言正是平安之義故知無所感動平安自夢

二曰噩夢杜子春云噩當爲驚愕之愕謂驚愕而夢○噩五各反注鄂同〔疏〕注杜子至而夢○釋曰以其言噩噩是驚愕之意故子春讀噩從驚愕解之

三曰思夢覺時所思念之而夢○覺芳孝反下同〔疏〕注覺時至而夢○釋曰以其思是思念之意故解云覺時所思念而夢也

四曰寤夢覺時道之而夢○寤本又作寤五故反〔疏〕注覺時道之而夢○釋曰以其字爲覺寤之字故知覺寤時道之應而夢也

五曰喜夢喜悅而夢〔疏〕注喜悅而夢○釋曰以其字爲喜詠之字故知未壓心說壓而爲夢

六曰懼夢恐懼而夢〔疏〕注恐懼而夢○釋曰以其字爲恐懼之字故云恐懼而夢

季冬聘王夢獻吉夢于王王拜而受之聘問也夢者事之祥吉凶之占在日月星辰季冬日窮于次月窮于

紀星迴于天數將幾終於是發幣而問焉若休慶之云爾因獻羣臣之吉夢於王歸美焉詩云牧人乃夢衆維魚矣旐維旟矣此所獻吉夢〈疏〉季冬至受之○釋曰季冬歲終除舊夢惡者贈去之下文是也獻吉夢於王者歸美於王○注聘問至吉夢○釋曰云夢者事之祥者若對文禎祥是善妖孽是惡散文祥中可以兼惡夢者有吉有惡故云夢者事之祥也云吉凶之占在日月星辰者即上文以日月星辰占六夢之吉凶是也云季冬日窮于次月窮於紀星迴於天數將幾終者皆月令文日窮於次者次謂日辰所在季冬日月會于玄枵是日窮於次月窮於紀謂星紀日月五星會聚之處月謂斗建所在十二月斗建丑故云月窮於紀星迴於天者星謂二十八宿十三月復位此十二月未到本位故直云星迴於天數將幾終者幾近也至此十二月歷數將終云於是發幣而問焉若休慶之云爾者鄭以禮動不虛必以幣帛行禮乃始問王故云發幣而問焉休美也問王夢若美慶云爾云因獻羣臣之吉夢於王歸美焉者君吉夢由於羣臣君統臣功故獻吉夢歸美於王也詩云牧人乃夢是無羊美宣王詩也牧人乃夢衆維魚矣旐維旟矣者牧人謂牧牛羊之人故注衆維魚矣豐年之祥旐旟所以聚衆引之者證獻吉慶之

事 乃舍萌于四方以贈惡夢杜子春讀萌爲明或云其字當爲明明謂
歐疫也謂歲竟逐疫置四方書亦或爲明玄謂舍讀爲釋舍
萌猶釋采也古書釋菜釋奠多作舍字萌菜始生也贈送也
欲以新善去故惡○舍音釋注
舍萌同萌亡耕反去起呂反〔疏〕注杜子至故惡○釋曰子春之說舍萌爲歐疫
案下文自有歐疫於此以舍萌爲之其義不同故後鄭不從
玄謂舍萌猶釋采也者按王制有釋采奠幣之事故從之云
萌菜始生也者案樂記區萌達鄭注云屈生曰區芒而直出
曰萌故知萌菜始生者云欲以新善去故惡者舊歲將盡新
年方至故於此時贈去惡夢 遂令始難歐疫令令方相氏也難謂執兵以有難卻也方相氏
蒙熊皮黃金四目玄衣朱裳執戈揚盾帥百隸爲之歐疫癘
鬼也故書難或爲儺杜子春難讀爲難問之難其字當作難
月令季春之月命國難九門磔禳以畢春氣仲秋之月天子
乃儺以逹秋氣季冬之月命有司大儺旁磔出土牛以送寒
氣○難乃多反劉依杜乃旦反注以
意求之難字亦同磔涉百反禳如羊反〔疏〕遂令始難歐疫釋曰因事曰遂
上經贈惡夢遂令方相氏始難歐疫○注令令至寒氣○釋
曰云令令方相氏以方相氏專主難者故先令方相氏云難

謂執兵以有難卻也者所引方相氏以下是也杜子春云難讀爲難問之難者以其難去疫癘故爲此讀又引月令云季春之月命國難索彼鄭注此月之中日行歷昴昴有大陵積尸之氣氣佚則厲鬼隨而出行故難之云命國難者惟天子諸侯有國者令難去。九門磔禳者九門依彼注路門應門雉庫皋國近郊遠郊關張磔牲體禳去惡氣也云以畢春氣者畢盡也季春行之故以盡春氣云仲秋之月天子乃難以達秋氣者按彼鄭注陽氣左行此月宿直昴畢昴畢亦得大陵積尸之氣氣佚則厲鬼亦隨而出行故難之以通達秋氣此月難陽氣故惟天子得難云季冬之月命有司大難旁磔出土牛以送寒氣者按彼鄭注此月之中日歷虛危虛危有墳墓四司之氣爲厲鬼將隨强陰出害人也故難之命有司者謂命方相氏言大難者從天子下至庶人皆得難言旁磔者謂四方於四方之門皆張磔牲體云出土牛以送寒氣者彼鄭注云出猶作也作土牛者丑爲牛牛可牽可止送猶畢也故作土牛以送寒氣此子春所引雖引三時之難惟即季冬大難知者此經始難文承季冬之下是以方相氏亦據季冬大難而言

眡祲掌十煇之灋以觀妖祥辨吉凶妖祥善惡之徵鄭司

農云煇謂日光炁也○煇音運炁音氣本亦作氣〔疏〕眡祲至吉凶○釋曰按下十等惟一曰言祲故據一曰以爲官首言掌十煇之法者一曰以下十等多是日旁之氣言煇亦是日旁煇光故揔以煇言之○注妖祥至炁也○釋曰云妖祥善惡之徵者祥是善之徵妖是惡之徵故言善惡之徵此妖祥相對若散文祥亦是惡徵亳有祥桑之類是也鄭司農云煇謂日光氣也者就十等之中五曰闇闇謂日食則無光氣而云十等皆謂日光氣者據多而言一曰

祲二曰象三曰鑴四曰監五曰闇六曰瞢七曰彌八曰敘九曰隮十曰想

故書彌作迷隮作資鄭司農云祲陰陽氣相侵也象者如赤烏也鑴謂日旁氣四面反鄉如煇狀也監雲氣臨日也闇日月食也瞢日月瞢瞢無光也彌者白虹彌天也敘者雲有次序也如山在日上也隮者升氣也想者煇光也玄謂鑴讀如童子佩鑴之鑴謂日旁氣刺日也監冠珥也彌氣貫日也隮虹也詩云朝隮于西想雜氣有似可形想○鑴鄭許規反劉思隨反或下圭反瞢七鄧反隮子兮反鄭許亮反煇音運本亦作暈音同虹音洪又古巷反劉古項反〔疏〕注故書至形想○釋曰此經上事先鄭皆解之後鄭

從其六不從其四先鄭云祲陰陽氣相侵也者赤雲爲陽黑雲爲陰如春秋傳云赤黑之祲在日旁云象者如赤鳥也者楚有雲如衆赤鳥在日旁者也云鑴謂日旁氣四面反鄉如煇狀也者後鄭不從云監雲氣臨日也者後鄭亦不從云闇日月食也者以其日月如光消故闇蒙也云瞢日月瞢瞢無光也者以其瞢瞢無光之貌故知無光云彌者白虹彌天也者此從故書爲迷後鄭不從云叙者雲有次叙如山在日上也者以其此十煇皆在日旁叙爲次叙之字故知叙者雲氣次叙如山在日上云隮者升氣也者以其隮訓爲升故隮者是升氣也此後鄭不破增成其義云想者煇光此後鄭亦不從玄謂鑴讀如童子佩鑴之鑴謂日旁氣刺日也者此讀從芄蘭詩童子佩鑴能不我知鑴是錐類故爲雲氣刺日云監冠珥也者謂有赤雲氣在日旁如冠耳珥即耳也今人猶謂之日珥云彌氣貫日也者以其言彌故知雲氣貫日而過云隮虹也者即爾雅螮蝀謂之虹日在東則西邊見日在西則東邊見故引詩云朝隮于西爲證也云想雜氣有似可形想者以其雲氣雜有所象似故可形想

掌安宅叙降 宅居也降下也人見妖祥則不安主安其居處也次序其凶禍所下謂禳移之

疏 注宅居至移之○釋曰掌主也此官主安居者人見妖祥則憂不安主安居其

處不使不安故次敘其凶禍所下之地禳移之其心則安**正歲則行事**占夢以季冬贈惡夢此正月而行安宅之事所以順民（疏）注占夢至順民。釋曰民心欲得除惡樹善占夢之官以季冬贈去惡夢至此歲之正月行是安宅之事順民心也**歲終則弊其事**弊斷也謂計其吉凶然否多少。弊必世反下注同（疏）注弊斷至多少。釋曰占夢之官見有妖祥斷丁亂反則告之吉凶之事其吉凶或中或否故至歲終斷計其吉凶也云然否多少者然謂中也知中否多少而行賞罰

大祝掌六祝之辭以事鬼神示祈福祥求永貞一曰順祝二曰年祝三曰吉祝四曰化祝五曰瑞祝六曰筴祝永長也貞正也求多福歷年得正命也鄭司農云順祝順豐年也年祝求永貞也吉祝祈福祥也化祝弭災兵也瑞祝逆時雨寧風旱也筴祝遠罪疾。祝之秀反後除大祝宗祝諸官皆同（疏）大祝至筴祝。釋曰云掌六祝之辭者此六辭皆是祈禱之事皆有辭說以告神故云六祝之辭云以事

鬼神示者此六祝皆所以事人鬼及天神地祇云祈福祥求永貞者禱祈者皆所以祈福祥求永貞之事按一曰已下其事有六祈福祥即三曰吉祝是也求永貞二曰年祝是也今特取二事爲揔目者欲見餘四者亦有此福祥永貞之事故也○注永長至罪疾○釋曰云求多福歷年得正命也者經祈福祥求永貞祈亦求也今鄭云求多福即經祈福祥也歷年得正命即經求永貞也歷年之上宜有求鄭不言之者多福之上一求鄭則該此二事故鄭歷年之上畧不言求鄭司農云順祝順豐年巳下皆約小祝而說小祝有順豐年此言順祝故知當小祝順豐年也云年祝求永貞也者以祈永貞是命年之事故知年祝當求永貞也云吉祝祈福祥也者以其小祝有祈福祥之事此上揔目亦有祈福祥福祥是吉慶之事故知吉祝當祈福祥也云化祝弭災兵也者弭安也安去災兵是化惡從善之事小祝有弭災兵故知化祝當之云瑞祝逆時雨寧風旱也者小祝有逆時雨寧風旱此逆時雨即寧風旱寧風旱即逆時雨對則異理則通此二者似若天之應瑞故揔謂之瑞祝云筴祝遠罪疾者自此已上差次與小祝不同惟有筴祝與小祝遠罪疾相當宜爲一也此六祝有求永貞小祝不言之者大祝已見故小祝畧不言也此六祝一曰順祝已下差次與小祝次第不同者欲見事起無常

故先後有異　掌六祈以同鬼神示一曰類二曰造三曰禬四曰禜五曰攻六曰說祈嘄也謂爲有災變號呼告于神以求福天神人鬼地祇不和則六癘作見故以祈禮同之故書造作竈杜子春讀竈爲造次之造書亦或爲造造祭於祖也鄭司農云類造禬禜攻說皆祭名也類祭于上帝詩曰是類是禡爾雅曰是類是禡師祭也又曰乃立冢土戎醜攸行爾雅曰起大事動大衆必先有事乎社而後出謂之宜故曰大師宜于社造于祖設軍社類上帝司馬法曰將用師乃告于皇天上帝日月星辰以禱于后土四海神祇山川冢社乃造于先王然後冢宰徵師于諸侯曰某國爲不道征之以某年某月某日師至某國禜日月星辰山川之祭也春秋傳曰日月星辰之神則雪霜風雨之不時於是乎禜之山川之神則水旱癘疫之災於是乎禜之玄謂類造加誠肅求如志禬禜告之以時有災變也攻說則以辭責之禜如日食以朱絲禜社攻如其鳴鼓然董仲舒救日食祝曰炤炤大明瀐滅無光柰何以陰侵陽以卑侵尊是之謂說也禬未聞焉造類禬禜皆有牲攻說用幣而已○造七報反注下皆同禬戚古外反劉音會禜音詠嘄音叫劉音小爲于僞反號尸羔反呼火故反見賢遍反禡

莫駕反縈烏營反炤〔疏〕掌六至曰説○釋曰上經六祝此章搖反瀸子廉反云六祈皆是祈禱之事別見其文者按小祝重掌六祝云將事侯禳禱祠之祝號鬼神雖和同爲事禱請此六祈爲百神不和同即六癘作見而爲祈禱故云以同鬼神祇是以別見其文○注祈嘄至而已○釋曰云謂爲有災變號呼告神以求福者鄭知號呼者見小祝云掌禱祠之祝號故知此六祈亦號呼以告神云天神人鬼地祇不和則六癘作見故以祈禮同之者鄭知鬼神祇不和者見經云掌六祈以同鬼神祇明是不和設六祈以和同之按五行傳云六沴作見云貌之不恭惟金沴木視之不明惟水沴火言之不從惟火沴金聽之不聰惟土沴水思之不睿惟金沴木水火沴土五行而沴有六者除本五外來沴已則六彼云沴此云癘者沴有六則癘鬼作見故變沴言癘杜子春云造謂造祭於祖知者禮記云造于祖故後鄭從之先鄭云類造禬禜攻説皆祭名以其祈禱皆是祭事按後鄭類造禬禜皆有牲攻説用幣而已用幣非祭亦入祭科之中云類祭于上帝知者禮記王制及尚書泰誓皆云類于上帝故知類祭上帝也引詩云已下至師至某國以類造爲出軍之祭後鄭皆不從矣所以不從者但出軍之祭自是求福此經六祈皆爲鬼神不和同設祈禮以同之不得將出軍之禮以解之故後

鄭不從先鄭引大雅皇矣詩即引爾雅者所以釋此詩故也云又曰乃立冢土戎醜攸行者大雅緜詩云爾雅曰起大事以下亦釋此詩故也又曰乃立引以相副故大事宜于社造于醜設軍社類于上帝並是此大祝下文云司馬法曰將用師三字司農語云禜日月星辰山川之祭也者引春秋為證春秋傳曰者昭元年左氏傳云鄭子產聘晉晉侯有疾問於子產子產對此辭按彼傳文癘疫之災於是乎禜之此云不時者鄭君讀傳有異玄謂類造加誠肅求如志者欲明天神人鬼地祇不得同名類造故云加誠肅求如志云禬禜告之以時有災變也者春秋所云雪霜風雨水旱癘疫之不時於是乎禜之禬雖未聞禬是除去之義故知禬亦災變云攻說則以辭責之者引論語及董仲舒皆是以辭責之云禜如日食以朱絲禜社者按莊公二十五年六月辛未朔日有食之鼓用牲于社公羊傳云日食則曷為鼓用牲于社求乎陰之道也以朱絲禜社或曰脅之或曰為闇恐人犯之故禜之何休云朱絲禜之助陽抑陰也或曰為闇者恐人犯歷之故禜之然此說非也記或傳者示不欲絕異說爾先言鼓後言用牲者明先以為尊命責之後以臣子禮接之所以為順也鄭引公羊傳者欲見禜是禜之義云攻如其鳴鼓然者此是論語先進篇孔子責冉有為季氏聚斂之臣故云小子鳴鼓而

攻之可彼是以辭攻責之此攻責之亦以辭責故引以爲證引董仲舒者是漢禮救日食之辭以證經說是以辭責之云禬未聞焉者經傳無文不知禬用何禮故云未聞鄭知類造禬禜皆有牲者按禮記祭法云埋少牢於泰昭祭時也下云幽禜祭星雩禜祭水旱鄭注云凡此以下皆祭用少牢禜既用牲故知類造皆亦有牲故云皆有牲也云攻說用幣而已者知攻說用幣者是日食伐鼓之屬天災有幣無牲故知用幣而已既云天災有幣無牲其類禮以亦是天災得有牲者災始見時無牲及其災成之後即有牲故詩云靡愛斯牲是也

作六辭以通上下親疏遠近一曰祠二曰命三曰誥四曰會五曰禱六曰誄

鄭司農云祠當爲辭謂辭令也命論語所謂爲命裨諶草創之誥謂康誥盤庚之誥之屬也盤庚將遷于殷誥其世臣卿大夫道其先祖之善功故曰以通上下親疏遠近會謂王官之伯命事於會胥命于蒲主爲其命也禱謂禱於天地社稷宗廟主爲其辭也春秋傳曰鐵之戰衛大子禱曰曾孫蒯聵敢昭告皇祖文王烈祖康叔文祖襄公鄭勝亂從晉午在難不能治亂使鞅討之蒯聵不敢自佚備持矛焉敢告無絶筋無破骨無面夷無作三祖羞

大命不敢請佩玉不敢變若此之屬誄謂積累生時德行以錫之命主爲其辭也春秋傳曰孔子卒哀公誄之曰閔天不淑不慭遺一老俾屏余一人以在位嬛嬛予在疚嗚呼哀哉尼父無自律此皆有文雅辭令難爲者也故大祝官主作六辭或曰誄論語所謂誄曰禱爾于上下神祇杜子春云誥當爲告書亦或爲告玄謂一曰祠者交接之辭春秋傳曰古者諸侯相見號辭必稱先君以相接辭之辭也會謂會同盟誓之辭禱賀慶言福祚之辭晉趙文子成室晉大夫發焉張老曰美哉輪焉美哉奐焉歌於斯哭於斯聚國族於斯文子曰武也得歌於斯哭於斯聚國族於斯是全要領以從先大夫於九京也北面再拜稽首君子謂之善頌善禱禱是之辭○會如字祠姊亥反譏市林反瞯若怪反臏五怪反難乃旦反佚音逸行下孟反閔音旻武巾反慭魚覲反嬛求營反疚九又反父音甫奐音喚京音原

疏 作六至曰誄○釋曰此六者惟一曰稱辭自餘二曰已下不稱辭而六事皆以辭目之者二曰已下雖不稱辭命誥之等亦以言辭爲主故以辭苞之者云以通上下親疏遠近者此六辭之中皆兼苞父祖子孫上則疏而遠上下親而近故云以通上下親疏遠近也目○注鄭司至之辭○釋曰先鄭破祠爲辭謂辭令者一以其云六辭明知爲言辭之字不得爲禱祠言爲辭令者則玄

謂增成之云交接之辭是也云命謂論語所謂爲命卑諶草創之誥謂康誥盤庚之誥之屬也者盤庚雖不言誥亦是誥臣遷徙之事故同爲誥又云盤庚將遷于殷誥其世臣卿大夫道其先祖之善功者即盤庚云乃祖乃父世選爾勞是也此命誥之議後鄭從之云會謂王官之伯命事於會胥命于蒲主爲其命也者後鄭不從之者按公羊傳云胥命者何相命也何言乎相命近正也此其爲近正奈何古者不盟結言而退又見昭四年楚椒舉云商湯有景亳之命周穆王有塗山之會以此觀之胥命于蒲與會有異今先鄭以胥命解會於義不可故不從云禱謂禱於天地社稷宗廟主爲其辭也又引春秋鐵之戰事在哀二年按哀二年衛靈公卒六月乙酉晉趙鞅納衛大子于戚秋八月齊人輸范氏粟鄭子姚子般送之趙鞅禦之衛大子爲右衛爲大子禱而爲此辭言曾孫者凡祭外神皆稱曾孫言昭告于皇祖文王皇君也衛得立文王廟故云君祖文王烈祖康叔者衛之始封君有功烈之祖云鄭勝亂從者勝鄭伯名助范氏亂故云亂從云晉午在難者午晉定公名范氏等作亂與君爲難故云在難云備持矛焉者蒯聵與趙鞅爲車右車右執持戈矛故云備持矛焉云無作三祖羞者三祖謂文王康叔襄公戰不克則以爲三祖羞辱先鄭此義後鄭皆不從之者此六辭皆爲生人作

辭無爲死者之事故不從云誄謂積累生時德行以賜之命而引春秋傳曰者哀公十六年傳辭此義後鄭從之引論語者爲孔子病子路請禱孔子問曰有諸子路對此辭生人有疾亦誄列生時德行而爲辭與哀公誄孔子意同故引以相續玄謂一曰辭者司農云謂辭令無所指斥故後鄭相事而言引春秋傳曰者按莊四年公羊傳曰古者諸侯必有會聚之事相朝聘之道號辭必稱先君以相接是此之辭也彼無相見二字鄭以義增之云會謂會同盟誓之辭會中兼有誓盟者以其盟時皆云公會某侯某侯盟于某以此出會中含有盟其誓必因征伐按春秋征伐皆云公會某侯某侵某旣有士卒當有誓辭故出會中兼有誓也云禱賀慶言福祚之辭者破先鄭禱鬼神之事云晉趙文子成室者禮記檀弓文按彼文云晉獻文子成室鄭注云獻猶賀也晉君賀文子成室此言晉趙文子成室引文畧趙文子則趙武也晉大夫發焉見文子室成卿大夫皆發幣以往慶賀之張老者亦晉大夫云美哉輪焉者謂輪囷高大云美哉奐焉者謂奐爛有文章云歌於斯者斯此也謂作樂饗宴之處云哭於斯謂死於適寢之處聚國族於斯謂與族人飲食宴之處張老言此者譏其奢泰一室兼此數事防其更爲云文子曰武也者武文子名謂武得歌於斯哭於斯聚國族於斯是全要領以從先

大夫於九京也古者有要斬領斬故要領並言按彼注九京當爲九原晉卿大夫之墓地在九原故言以從先大夫於九原云北面再拜稽首者平敵相於並列則頓首臣於君作稽首今文子作稽首者時晉君在焉北面向君拜故作稽首云君子謂之善頌善禱者君子謂知禮之人彼注云善頌謂張老之言善禱謂文子之言云是之辭者是經禱之辭也此六者皆以辭解解之

辨六號一曰神號二曰鬼號三曰示號四曰牲號五曰齍號六曰幣號號謂尊其名更爲美稱焉神號若云皇天上帝鬼號若云皇祖伯某祇號若云后土地祇幣號若玉云嘉玉幣云量幣鄭司農云牲號爲犧牲皆有名號曲禮曰牛曰一元大武豕曰剛鬣羊曰柔毛雞曰翰音粢號謂黍稷皆有名號也曲禮曰黍曰香合粱曰香萁稻曰嘉蔬少牢饋食禮曰敢用柔毛剛鬣士虞禮曰敢用絜牲剛鬣香合○齍音咨稱尺證反大如字劉音泰鬣力輒反萁音基蔬所魚反〔疏〕注號謂至香合○釋曰云號謂尊其名更爲美劉音蘇稱焉者謂若尊天地人之鬼神示不號爲鬼神示而稱皇天后土及牲幣等皆别爲美號焉云神號若云皇天上帝者月令季夏云以養犧牲以供皇天上帝皇天謂北

辰曜魄寶上帝謂大微五帝云鬼號若云皇祖伯某者謂若儀禮少牢特牲祝辭稱皇祖伯某云祇號若云后土地祇者左氏傳云君戴皇天而履后土地祇謂若大司樂云若樂八變地祇皆出云幣號若玉云嘉玉幣云量幣此並曲禮文經無玉號鄭兼言玉者祭祀禮神有玉曲禮亦有玉號按小行人合六幣圭以馬璋以皮玉得與幣同號故鄭兼言玉也先鄭云牲號爲犧牲皆有名號引曲禮曰牛曰一元大武者鄭彼注元頭也武迹也一頭大迹豕曰剛鬣者豕肥則鬣鬣剛强羊曰柔毛者羊肥則毛柔潤雞曰翰音者翰長也音鳴也謂長鳴雞齍號謂黍稷皆有名號引曲禮黍曰香合者言此黍香合以爲祭云粱曰香萁者鄭注云萁辭也言此粱香可祭云稻曰嘉蔬者言稻下𣏾地所生嘉善也蔬草也言此稻善疏草可祭云少牢饋食禮云敢用柔毛剛鬣者大夫少牢祭故號此二牲云士虞禮曰敢用絜牲剛鬣者士祭用特豕故號一牲言香合者據曲禮黍之號也故彼鄭注云黍也大夫士於黍稷之號合言普淖而已此言香合蓋記者誤耳此連引之耳無所取證此士虞記文而云禮者記亦是禮

辨九祭一曰命祭二曰衍祭三曰炮祭四曰周祭五曰振祭六曰擩祭

七曰絶祭八曰繚祭九曰共祭杜子春云命祭祭有所主命也振祭振讀爲慎禮家讀振爲振旅之振擩祭擩讀爲虞芮之芮鄭司農云衍祭羨之道中如今祭殤無所主命周祭四面爲坐也炮祭燔柴也爾雅曰祭天曰燔柴擩祭以肝肺菹擩鹽醢中以祭也繚祭以手從肺本循之至于末乃絶以祭也絶祭不循其本直絶肺以祭也重肺賤肝故初祭絶肺以祭謂之絶祭至祭之末禮殺之後但擩肝鹽中振之擬之若祭狀弗祭謂之振祭特牲饋食禮曰取菹擩于醢祭于豆間鄉射禮曰取肺坐絶祭鄉飲酒禮曰右取肺左郤手執本坐弗繚右絶末以祭少牢曰取肝擩于鹽振祭玄謂九祭皆謂祭食者命祭者玉藻曰君若賜之食而君客之則命之祭然後祭是也衍字當爲延炮字當爲包聲之誤也延祭者曲禮曰客若降等執食興辭主人興辭於客然後客坐主人延客祭是也包猶兼也兼祭者有司曰宰夫贊者取白黑以授尸尸受兼祭于豆祭是也周猶徧也徧祭者曲禮曰殽之序徧祭之是也振祭擩祭本同不食者擩則祭之將食者既擩必振乃祭也絶祭繚祭亦本同禮多者繚之禮畧者絶則祭之共猶授也王祭食宰夫授祭孝經說曰共綏執授○衍音延炮百交反劉曰交反擩而泉反一音而劣反劉又而誰反繚音了劉

音料共音恭注同芮人劣反又而歲反下同坐才卧反從肺一本作從持肺從劉沈皆子容反或如字殺色界反劉色例反卻去逆反又起畧反執食思四反徧音遍下同

疏辨九至共祭○釋曰此九祭先鄭自周祭已上皆是祭鬼神之事振祭已下皆是生人之祭食之禮後鄭不從之者祭天神地祇人鬼大宗伯辨之大視不須別列且生人祭食不合與祭鬼神同科故皆以爲生人祭食法○注杜子至○釋曰杜子春云命祭祭有所主命也者凡祭祀天子諸侯木主大夫士有幣帛主其神曾子問以幣帛皮圭以爲主命當主之處此子春之意亦當以幣帛謂之主命但此經文皆是祭食法不得爲主命故後鄭不從之又讀振爲慎或爲振旅之振或讀攜爲虞芮之芮此讀皆無義意故後鄭皆不從之鄭司農云衍祭羨之道中如今祭殤無所主命者此據生人祭食法而云如今祭殤故後鄭亦不從之云周祭四面爲坐也謂若祭百神四面各自爲坐炮祭燔柴以其炮是燔燒之義故爲燔柴祭天此皆生人祭食法并祭鬼神故後鄭亦不從之云擩祭以肝肺菹擩鹽醢中以祭也者按特牲少牢墮祭之時皆有以菹擩醢中以祭主人獻尸時賓長以肝從尸以肝擩鹽中以祭故先鄭云以肝肺菹擩鹽醢中以祭彼無云用肺擩鹽醢中先鄭連引之耳按彼肝擩鹽中以振祭齊之

加于所俎此則是振祭司農云以初祭擩于鹽卽同擩祭併
之於義不可云繚祭以手從肺本循之至于末乃絶以祭也
者此據鄉飲酒而言云絶祭不循其本直絶肺以祭也者據
鄉射而言云重肺賤肝故初祭絶肺以祭謂之絶祭至祭之
末禮殺之後但擩肝鹽中振之擬之若祭狀弗祭謂之振祭
云重肺者此繚祭絶祭二者皆據肺而言周貴肺故云重肺
云賤肝者司農意上云以肝擩于鹽據特牲少牢尸食㷰賓
長以肝從之意云故初祭絶肺以祭謂之絶祭者此絶祭依
特牲少牢無此絶祭之事於義不可云至祭之末禮殺之後
但擩肝鹽中振之擬之若祭狀者此還據少牢擩肝祭而云
若祭狀弗祭於義不可引特牲饋食禮曰取菹擩于醢祭于
豆閒者此據捝義而言也引鄉射禮及鄉飲酒禮證有絶祭
之事引少牢禮證有振祭之事此先鄭所引四文後鄭皆不
從故增成其義但先鄭所引特牲少牢皆據一邊而言按特
牲少牢皆擩祭振祭兩有玄謂九祭皆謂祭食者謂生人將
食先以少許祭先造食者故謂之祭食命祭引玉藻彼注云
侍食不祭其侍食之人而君賓客之雖得祭待君命之祭然
後祭是命祭也云衍字當爲延炮字當爲包者衍與炮於義
無所取故破從延與包延祭者曲禮曰賓若降等執食興辭
鄭彼注云辭者辭主人之臨已食若欲食於堂下然云有司

曰宰夫贊者取白黑以授尸者彼注云白謂稻黑謂黍又引曲禮曰殽之序徧祭之是也者凡祭者皆盛主人之饌故所設殽着次第徧祭按公食大夫惟魚腊湆醬不祭以其薄故也其餘皆祭故謂之周祭云振祭擩祭本同者皆擩但振者先擩復振擩者不振言不食者擩則祭之者特牲少牢皆有授祭授祭末食之前以菹擩于醢祭于豆閒是不食者擩則祭之云將食者旣擩必振乃祭也者特牲少牢皆有主人獻尸賓長以肝從尸右取肝擩于鹽振祭嚌之加于菹豆是謂振祭言將食者振訖嚌之是將食也云絕祭繚祭亦本同者同者絕之但絕者不繚繚者亦絕故云本同云禮多者繚之者此據鄉飲酒鄉大夫行鄉飲酒賓賢能之禮故云禮多所繚之法卽司農所引右取肺已下是也云禮略者絕則祭之者此據鄉射州長射則士禮故云禮略者絕則祭之祭法卽上先鄭所引鄉射禮取肺坐絕祭是也云共猶授也王祭食宰夫授祭者此則膳夫職云王祭食則授是也王謂之膳夫而謂之宰夫者據諸侯是宰夫云孝經說曰共授執授者孝經緯文漢時禁緯故云說云共綏執授者謂將綏祭之時共此綏祭以授尸引之者證共爲授之義　辨九𢷎

一曰稽首二曰頓首三曰空首四曰振動五

曰吉𢷬六曰凶𢷬七曰奇𢷬八曰褒𢷬九曰肅𢷬以享右祭祀稽首拜頭至地也頓首拜頭叩地也空首拜頭至手所謂拜手也吉拜拜而后稽顙謂齊衰不杖以下者言吉者此殷之凶拜周以其拜與頓首相近故謂之吉拜云凶拜稽顙而后拜謂三年服者杜子春云振讀爲振鐸之振動讀爲哀慟之慟奇讀爲奇偶之奇謂先屈一膝今雅拜是也或云奇讀曰倚倚拜謂持節持戟拜身倚之以拜鄭大夫云動讀爲董書亦或爲董振董以兩手相擊也奇拜謂一拜也褒讀爲報報拜再拜是也鄭司農云褒拜今時持節拜是也肅拜但俯下手今時撎是也介者不拜故曰爲事故敢肅使者玄謂振動戰栗變動之拜書曰王動色變。一拜荅臣下拜再拜拜神與尸享也謂朝獻饋獻也右讀爲侑侑勸尸食而拜○𢷬音拜下同䭬音啓本又作稽振動如字李音董杜徒弄反今倭人拜以兩手相擊如鄭大夫之說蓋古之遺法奇紀宜反注同褒音報右音又近附近之近動徒弄反倚於綺反下同撎於立反即今之揖爲于僞反使所吏反朝直遥反

（疏）辨九𢷬至祭祀○釋曰此九拜之中四種是正拜五者逐事生名還依四種正拜而爲之也一曰稽首二曰頓首三曰空首此三

者相圍而爲之空首者先以兩手拱至地乃頭至手是爲空首也以其頭不至地故名空首頓首者爲空首之時引頭至地首頓地即舉故名頓首一曰稽首稽首其稽稽留之字頭至地多時則爲稽首也此三者正拜也稽首拜中最重臣拜君之拜二曰頓首者平敵自相拜之拜三曰空首拜者君荅臣下拜知義然者按哀十七年公會齊侯盟於蒙孟武伯相齊侯稽首公則拜齊大怒武伯曰非天子寡君無所稽首公如晉孟獻子相公稽首知武子曰天子在而君辱稽首寡君懼矣孟獻子曰以敝邑介在東表密邇仇讎寡君將君是望敢不稽首郊特牲曰大夫之臣不稽首非尊家臣以避君也如是相禮諸侯于天子臣于君稽首禮之正然諸相於大夫之臣及凡自敵者皆當從頓首之拜也如是差之君拜臣下當從空首拜其有敬事亦稽首故大誓云周公曰都懋哉予聞古先哲王之格言以下大子發拜手稽首是其君于臣稽首事洛誥云周公拜手稽首朕復子明辟成王拜手稽首不敢不敬天之休者此即兩相尊敬故皆稽首九曰肅拜者拜中最輕惟軍中有此肅拜婦人亦以肅拜爲正其餘五者附此四種正拜者四曰振動附稽首五曰吉拜附頓首六曰凶拜亦附稽首七曰奇拜附空首八曰褒拜亦附稽首以享侑祭祀者享獻也謂朝踐獻尸時拜侑侑食侑勸尸食時而拜此九拜

不專爲祭祀而以祭祀結之者祭祀事重故舉以言之○注
稽首至而拜○釋曰稽首拜頭至地頓首拜頭叩地也者二
種拜俱頭至地但稽首至地多時頓首至地則舉故以叩地
言之謂若以首叩物然云空首拜頭至手所謂拜手也者即
尚書拜手稽首云吉拜拜而後稽顙謂齊衰不杖以下者此
謂齊衰已下喪拜而云吉者對凶拜爲輕此拜先作稽首後
作稽顙顙還是頓首但觸地無容則謂之稽顙云齊衰不杖
已下者以其杖齊衰入凶拜中故雜記云父在爲妻不杖不
稽顙明知父沒爲妻杖而稽顙是以知此吉拜謂齊衰不杖
已下云言吉者此殷之凶拜者按檀弓云拜而后稽顙頹乎
其順也稽顙而后拜頎乎其至也三年之喪吾從其至者鄭
注云自期如殷可言自期則是齊衰不杖已下用殷之喪拜
故云此殷之凶拜也云周以其拜與頓首相近故謂之吉拜
者言相近者非謂爻相近是拜體相近以其先作頓首后作
稽顙稽顙還依頓首而爲之是其拜體相近以其約義故言
云以疑之云凶拜稽顙而后拜謂三年服者此雜記云三年
之喪即以喪拜非三年喪以其吉拜又檀弓云稽顙而后拜
頎乎其至孔子云三年之喪吾從其至者若然上吉拜齊衰
不杖已下則齊衰入此凶拜中鄭不言之者以雜記云父在
爲妻不杖不稽顙父卒乃稽顙則是適子爲妻有不得稽顙

時故畧而不言但適子妻父爲主故適子父在不稽顙則衆子爲妻父在亦稽顙不據衆子常稽顙者據雜記成文杜子春云振讀爲振鐸之振者讀從小宰職振木鐸于朝之振云動讀爲哀慟之慟者謂從孔子哭顔回哀慟之慟云奇讀爲奇耦之奇者謂從特牲饋食奇籩豆耦之奇已上讀字後鄭皆從之云先屈一膝今雅拜是也或云奇讀曰倚倚拜謂持節持戟拜身倚之以拜此二者後鄭皆不從之鄭大夫云動讀爲董書亦或爲董振之董者此讀從左氏董之以威是董振之董云以兩手相擊此后鄭皆不從云奇拜謂一拜也一拜者謂君拜臣下手按燕禮大射有一拜之時君荅一拜后鄭從之云褒讀爲報報拜謂再拜是也後鄭亦從鄭司農云褒拜今之持節拜是也者后鄭不從云肅拜但俯下手今時撎是也按儀禮鄉飲酒賓客入門有撎入門之法推手曰揖引手曰撎云介者不拜故曰爲事故敢肅使者按成十六年晉楚戰於鄢陵楚子使工尹襄問卻至以弓卻至見客免胄承命又云不敢拜命注云介者不拜又云君命之辱爲事故敢肅使者三肅使者而退是軍中有肅拜法按成二年鞌之戰獲齊侯晉御至投戟逡巡再拜稽首軍中得拜者公羊之義將軍不介胄故得有拜法玄謂振動戰栗變動之拜書曰王動色變按中候我膺云季秋七月甲子赤雀銜丹書入酆

至昌戶再拜稽首受授今文大誓得火烏之瑞使上附以周公書報諸於王王動色變雖不見拜文與文王受赤雀之命同爲稽首拜也云一拜荅臣下拜再拜拜神與尸此二者增鄭大夫之義知再拜拜神與尸者按特牲禮祝酌奠於鉶南主人再拜祝在左也再拜於尸謂獻尸尸拜受主人拜送是也天子諸侯亦當然或解一拜荅臣下亦據祭祀時以其宴禮君荅拜臣或再拜時故也云享獻也謂朝獻饋獻也者以祭祀二灌之後惟有朝踐饋獻稱獻故知享獻據朝踐饋獻時也云右讀爲侑侑勸尸食而拜者按特牲尸食祝侑主人拜少牢主人不言拜侑故知侑尸時有拜　凡大禋祀肆享祭示則執明水火而號祝明水火司烜所共日月之氣以給烝享執之如以六號祝明此圭絜也禋祀祭天神也肆享祭宗廟也故書祇爲祈杜子春云祈當爲祇○禋音因烜況晚反祈必䜾反〔疏〕注明水至爲祇○釋曰知明水火司烜所共日月之氣者按司烜氏職云以夫遂取明火於日以鑒取明水於月彼雖不云氣此水火皆由日月之氣所照得之故以氣言之云以給烝享執之如以六號祝明此圭絜也者經云執明水火而號祝明知六號皆執之明絜也號祝執明水火明主人圭絜之德云禋祀祭天神也者大宗

伯是天稱禋曰月稱實柴司中之等稱槱燎通而言之三者之禮皆有禋義則知禋祀祀天神通星辰已下云肆享祭宗廟也者按宗伯宗廟之祭六等皆稱享則此含六種之號杜子春云祈當爲祇宗伯血祭已下是也

隋釁逆牲逆尸令鐘鼓右亦如之

隋釁謂薦血也凡血祭曰釁既隋釁後言逆牲容逆鼎右讀亦當爲侑○隋許規反又惠恚反後同右音又

〔疏〕注隋釁至爲侑○釋曰鄭云隋釁謂薦血也者賈氏云釁釁宗廟馬氏云血以塗鐘鼓鄭不從而以爲薦血祭祀者下文云既祭令徹則此上下皆是祭祀之事何得於中輒有釁廟塗鼓直稱釁何得兼言隋故爲祭祀薦血解之鄭云凡血祭曰釁者此經文承上禋祀肆享祭祀之下即此血祭之中含上三祀但天地薦血于座前宗廟即血以告殺故言凡血祭曰釁云既隋釁後言逆牲容逆鼎者凡祭祀之法先逆牲後隋釁今隋釁在前逆牲在後者以其鼎在門外薦血後乃有爓孰之事逆鼎而入故云容鼎知鼎在門外者按中霤禮竈在廟門外之東主人迎鼎事云右讀亦爲侑者亦上九拜之下享右之字皆爲侑

來瞽令皋舞

皋讀爲卒嗥呼之嗥來嗥者皆謂呼之入○皋音嗥尸高反劉尸報反卒子忽反呼火故反

〔疏〕注皋

讀至之入○釋曰皋讀爲卒嗥呼之嗥者依俗讀云來嗥者皆謂呼之入者經云瞽人擬升堂歌舞謂學子舞人瞽人言來亦呼之乃入皋舞令呼亦來入故鄭云來嗥皆謂呼之入也**相尸禮**延其出入詔其坐作○相息亮反下同〔疏〕注延其至坐作○釋曰凡言相尸者諸事皆相故以出入坐作解之尸出入者謂祭初延之入二灌訖退出坐于堂上南面朝踐饋獻訖又延之入室言詔其坐作者郊特牲云詔祝於室坐尸于堂饋獻訖又入室坐言作者凡坐皆有作及與主人荅拜皆有坐作之事故云詔其坐作也**既祭令徹**〔疏〕既祭令徹釋曰祭訖尸謖之後大祝命徹祭器即詩云諸宰君婦廢徹不遲是也**大喪始崩以肆鬯渳尸相飯贊斂徹奠**肆鬯所爲陳尸設鬯也鄭司農云渳尸以鬯浴尸○渳彌爾反飯扶晚反斂力驗反〔疏〕大喪至徹奠○釋曰此經皆是大祝之事云始崩以肆鬯渳尸者肆陳也渳浴也王喪始崩陳尸以鬯浴尸取其香美云相飯者浴訖即飯含故言相飯也不言相含者大宰云大喪贊贈玉含玉此故不言云贊斂者小斂十九稱在戶內大斂百二十稱在阼階冬官主斂事大祝贊之徹者小祝注云奠奠爵也謂正祭時此文承大喪之

下故奠爲始死之奠小斂大斂奠並大祝徹之言甸人讀禱付練祥掌國事鄭司農云甸人主設復禘。大祝主言問其具禘物玄謂言猶語也禱六辭之屬禱也甸人喪事代王受眚災大祝爲禱辭語之使以禱於藉田之神也付當爲祔祭於先王以祔後死者掌國事辨護之○付音附禘他兮反語魚據反下同〔疏〕言甸至國事○釋曰既殯之後大祝爲禱辭與甸人言猶語也故言語甸人讀禱辭代王受眚災云祔練祥掌國事者祔謂虞卒哭後祔祭於祖廟練謂十三月小祥練祭祥謂二十五月大祥除衰杖此三者皆以國事大祝掌之故云掌國事也○注鄭司至護之○釋曰先鄭云甸人主設復禘大祝主言問其具禘物者此文承贊斂之下則是既殯之事始云設復禘者故後鄭不從玄謂禱六辭之屬禱也者此經讀禱則六辭之中五曰禱故云六辭之禱也云甸人喪事代王受眚災者按甸人職云喪事代王受眚災按彼注云粢盛者祭祀之主也今國遭大喪若云此黍稷不馨使鬼神不逞於王既殯大祝作禱辭授甸人使以禱藉田之神受眚災弭後殃彼注與此意同言弭後殃者今王已崩雖無救爲後王而謝過故云弭後殃鄭知既殯後者此文承贊斂之下斂訖則殯故知此讀禱在既殯之後也云付當爲祔祭於先王以祔後死者按喪服小記以孫祔於祖以其昭穆同先王即祖也故云祭於先王祔後死者云掌國事辨護之者辨護之中候文按中候握河紀云堯受河圖時伯禹進迎舜契陪位稷辨護注云進迎援神也稷官名謂棄辨護者供時用相禮儀引之以證掌國事則此大祝於祔練祥之時共其祭用之物及相其禮儀也**國有大故天裁彌祀社稷禱祠**大故兵寇也天裁疫癘水旱也彌猶徧也徧祀社稷及諸所禱既則祠之以報焉（疏）注大故至報焉○釋曰鄭知大故兵寇也者下列云天災故知大故直是兵寇也知天裁疫癘水旱者見宗伯云以荒禮哀凶札鄭注云荒人物有害又云弔禮哀禍災注云禍災謂水火此皆是天災流行故云天災謂疫癘水旱云彌猶徧也徧祀社稷及諸所禱按小祝云弭災兵弭爲安此弭爲徧不同者義各有所施彼是災兵之事故弭爲安此禱祀之事靡神不舉以彌爲徧云既則祠之以報焉者以其始爲曰禱得求曰祠故以報賽解祠**大師宜于社造于祖設軍社類上帝國將有事于四望及軍歸獻于社則前祝**鄭司農說設軍社以春秋傳曰所謂

君以師行㪍社釁鼓祝奉以從者也則前祝大祝自前祝也玄謂前祝者王出也歸也將有事於此神大祝居前先以祝辭告之○㪍芳弗反劉音廢從才用反一音如字下注同疏大師至前祝○釋曰此經六事皆大祝所掌言大師者王出六軍親行征伐故曰大師云宜于社者軍將出宜祭於社即將社主行不用命戮於社云造於祖者出必造即七廟俱祭取遷廟之主行用命賞于祖皆載於齊車云設軍社者此則據社在軍中故云設軍社云類上帝者非常而祭曰類軍將出類祭上帝告天將行云國將有事於四望者謂軍行所過山川造祭乃過及軍歸獻于社者謂征伐有功得囚俘而歸獻捷于社按王制云出征執有罪反以釋奠于學注云釋菜奠幣禮先師也引詩云執訊獲醜則亦獻于學云則前祝者此經六事皆大祝前辭○注鄭司至告之○釋曰司農引春秋傳者定四年左氏傳按彼祝佗云君以軍行者師則軍也故尚書云大巡六師詩云六師及之皆以師名軍引之者證社在軍謂之軍社之事玄謂前祝者王出也歸也將有事於此神據此經四望已上爲出時獻於社爲歸時皆大祝前祝以辭告之按尚書武成丁未祀于周廟庚戌柴望皆是軍歸告宗廟告天及山川則此經出時告之歸亦告之此經上帝四望不見歸時所告故鄭揔云王出也歸也而將有事

於此神以該之大會同造于廟宜于社過大山川則用事亦用祭事告行也玉人職有宗祝以黃金勺前馬之禮是謂過用事焉反行舍奠大山川與曾子問曰凡告必用牲幣反亦如之○舍音釋一音赦與音餘〔疏〕大會至舍奠○釋曰大會同者王與諸侯時見曰會殷見曰同或在畿內或在畿外亦告廟而行云造者以其非時而祭造次之意即上文造于祖一也云反行舍奠者曲禮云出必告反必面據生時人子出入之法今王出行時造于廟將遷廟主行反行還祭七廟非時而祭曰奠○注用事至如之○釋曰言用事亦用祭事告行也者言亦如上經大師用祭事告行引玉人職者按玉人職大璋中璋九寸邊璋七寸射四寸厚寸黃金勺青金外天子以巡守宗祝以前馬此云有宗祝以黃金勺前馬之禮非是彼正文義略言之耳云是謂過大山川與者彼不云過山川此言過大山川此不言用黃金勺彼言以黃金勺以義約為一故言與以疑之彼注云大山川用大璋中山川用中璋小山川用邊璋此直見過大山川不見中小者欲見中小山川共大山川一處直告大山川不告中小故不見中小山川各自別處則用中璋邊璋此所過山川非直用黃金勺酌獻而已亦有

牢故校人職云將有事於四海山川則飾黃駒注云四海猶四方王巡守過大山川則有殺駒以祈沈之禮與是其牲牢也引曾子問曰凡告必用牲幣反亦如之者按彼注破牲爲制此用牲幣不破之者彼文不取牲義直取出告反亦告而已故破牲爲制於此經皆用牲知者王制云歸假于祖禰用特堯典亦云歸格于藝祖用特校人有飾黃駒之文則知此經出入皆有牲禮故不破牲爲制

建邦國先告后土用牲幣 后土社神也疏注后土社神也○釋曰按大宗伯王大封則先告后土注云后土土神則社神也按孝經緯云社者五土之總神郊特牲云社祭土而主陰氣故名社爲土神勾龍生爲后土之官死則配社故舉配食人神以言社其實告社神也以其建邦國土地之事故先告后土雖告祭非常有牲有幣禮動不虛故也

禁督逆祀命者 督正也正王之所命諸侯之所祀有逆者則刑罰焉疏禁督逆祀命者○釋曰王者有命命諸侯祭祀之事不使上僭下逼謂之禮若有違者即謂之逆命大祝掌鬼神之官故禁正逆祀命也○注督正至罰焉○釋曰經直云禁督逆祀命鄭以諸侯解之者承上建邦國故知據諸侯云有逆者則刑罰焉者大祝主諸侯逆祀告上與之刑罪不

得自施刑罰頒祭號于邦國都鄙祭號六號【疏】注祭號六號釋曰邦國謂畿外諸侯都鄙畿内三等采地大祝主祭號故大祝頒之六號之中兼有天地諸侯不得祭天地而鄭云祭號六號鄭據大祝掌六號據上成文而言魯與二王之後得祭所感帝兼有神號

小祝掌小祭祀將事侯禳禱祠之祝號以祈福祥順豐年逆時雨寧風旱彌烖兵遠辠疾侯之言候也侯嘉慶祈福祥之屬禳禳卻凶咎寧風旱之屬順豐年而順爲之祝辭逆迎也彌讀曰敉敉安也○彌依注音敉亡爾反下注同遠于萬反【疏】小祝至疾○釋曰掌小祭祀者即是將事侯禳已下禱祠之事是也小祭祀與將事侯禳已下作目將事侯禳禱祠祝號又與祈福祥順豐年已下爲目祈福祥順豐年逆時雨三者皆是侯寧風旱彌烖兵遠辠疾三者即是禳求福謂之禱報賽謂之祠皆有祝號故摠謂之禱祠之祝辭祈福祥已下不言一曰二曰者大祝已言訖小祝佐大祝行事故畧而不言亦欲見事起無常故不言其次第○注侯之至安也○釋曰侯之言候也侯嘉

慶所福祥之屬者之屬中兼有順豐年逆時雨嘉善也此三者皆是善慶之事故設祈禱候迎之云禳禳卻凶咎寧風旱之屬者之屬中兼有彌災兵遠辠疾三者是凶咎之事故設禱祠禳卻之云順豐年而順爲之祝辭者案管子云倉廩實而知禮節衣食足知榮辱意皆欲如此是豐年順民意也故設祈禮以求豐年而順民故云爲之祝辭也云彌讀曰枚枚安也者案洛誥云亦未克枚公功注云枚安也故知此彌讀曰枚枚安也

大祭祀逆齍盛送逆尸沃尸盥贊隋贊徹贊奠隋尸之祭也奠奠爵也祭祀奠先徹後反言之者明所佐大祝非一

疏 大祭至贊奠○釋曰云逆齍盛者祭宗廟饋獻後尸將入室食小祝於廟門外迎饎人之齍盛於廟堂東實之薦於神座前送逆尸者爲始祭迎尸而入祭末送尸而出祭義云樂以迎來哀以送往是也云沃尸盥者尸尊不就洗按特牲少牢尸入廟門盥於盤其時小祝沃水云贊隋者案特牲少牢尸始入室拜妥尸尸隋祭以菲菹擩于醢以祭於豆間小祝其時贊尸以授之尸云贊徹者大祝云既祭命徹諸宰君婦徹時小祝贊之也云贊奠者大祝酌酒奠于鉶南則郊特牲注天子奠斝諸侯奠角小祝其時贊之○注隋尸至非一○釋曰主人受尸酢

時亦有隋祭但此經贊隋文承逆尸沃尸之下故隋是尸之祭也云奠奠爵也者則特牲祝酌奠于鉶南是也云祭祀奠先徹後者奠爵在尸食前徹在尸謖後故云奠先徹後云反言之者經先言徹後言奠反言之者欲見所佐大祝非一故倒文以見義

凡事佐大祝唯大祝所有事〈疏〉注唯大祝所有事○釋曰經云凡事諸有事皆佐大祝故鄭云唯大祝所有事乃佐之據大祝職不言之者或佐餘官或小祝專行之也若然佐大祝不在職末言之於此見文者欲。自此已上有佐大祝者自此已下唯大喪贊湖佐大祝設熬以下小祝專行

大喪贊湖故書湖爲攝杜子春云當爲湖湖謂浴尸

設熬置銘銘今書或作名鄭司農云銘書死者名於旌今謂之柩士喪禮曰爲銘各以其物亡則以緇長半幅赬末長終幅廣三寸書名于末曰某氏某之柩竹杠長三尺置于西階上重木置于中庭參分庭一在南粥餘飯盛以二鬲縣于重冪用葦席取銘置于重杜子春云熬謂重也檀弓曰銘明旌也以死者爲不可別故以其旗識。之愛之斯録之矣敬之斯盡其道焉爾重主道也殷主綴重焉周主徹重焉奠以素器以主人有哀素之心也玄謂熬者棺既蓋設於其旁所以惑蚍蜉也喪大記曰熬君四種八筐大夫三種六筐士二種

四簋加魚腊焉士喪禮曰熬黍稷各二筐有魚腊饌于西坫南又曰設熬旁一筐乃塗○熬五羔反爲名音銘下取名同赬勑貞反杠音江重直龍反下同粥之六反又音育盛音成鬲音歷識識並傷志反一讀下識如字盡津忍反蚍音毗蜉音浮種章勇反下同坫丁念反

［疏］設熬置銘○釋曰熬謂熬穀殯在堂時設於棺旁所以惑蚍蜉云置銘者銘謂銘旌書死者名既殯置於階西上所以表柩○注銘今至乃塗○釋曰銘今書或作名者非古書出見今周禮或作名以其銘書死者名亦得通一義故司農以名解之司農云銘書死者名於旌今謂之柩者銘所以表柩故漢時謂銘爲柩士喪禮曰爲銘各以其物者謂爲銘旌用生時旌旗但沽而小案士喪禮注王則大常諸侯則建旂孤卿建旜大夫士建物云亡則以緇長半幅者亡無也爲生時無旌旗子男之士不命是也生時無旌旗故用緇長半幅長一尺云赬末長終幅廣三寸者依爾雅一入赤汁謂之縓再入謂之赬赬赤色也長終幅長二尺云書名于末者書死者名於赬末之上云曰某氏某之柩者某氏是姓下某是名此謂士禮案喪服小記云周天子諸侯大夫書銘並與士同云竹杠長三尺者依禮緯天子旌旗之杠九仞諸侯七仞大夫五仞士三仞今士三尺者則天子以下皆以尺易仞云置于西階上者始死即

作銘倚于重殯訖置於西階上屋宇下云重木以下亦士喪禮文經雖不言重士喪禮有取銘置于重是以因銘兼解重言粥餘飯者飯米與沐米同按喪大記君沐粱大夫沐稷天子之士沐粱諸侯士沐稻天子當沐黍飯米之餘以爲粥盛以二鬲按鄭注士喪禮鬲與簋同差天子八諸侯六大夫四士二云取銘置于重者謂未殯以前殯訖則置于西階上是也杜子春云熬謂重也者以士喪禮云取銘置於重與此經云設熬置銘亦謂設熬訖置銘於熬上事相當故以熬爲重故鄭以熬與重所設不同故不從也引檀弓者子春既解熬爲重遂引銘與重爲證耳云銘明旌也者謂神明死者之旌故云明死者之銘云愛之斯錄之矣敬之斯盡其道焉爾鄭彼注謂重與奠則斯錄之據重斯盡其道據奠以是子春引證重則取愛之斯錄之不取敬之斯盡其道連引之耳云重主道也者始死作重葬後乃有主是始死雖未有主其重則是木主之道故云重主道也云殷主綴重焉者鄭彼注云殷人作主而聯其重懸諸廟也去顯考乃埋之謂始死作重之時至葬後作木主乃綴連重之鬲懸於祖廟大祥遷廟乃埋重於廟門外之左故云殷主綴重焉云周主徹重焉者周人不綴重亦死始作重至葬朝廟重先柩從入祖廟朝廟訖明且將葬重先出倚于道左葬後既虞埋於所倚之處故鄭注

云周人作主徹重埋之云奠以素器以生人有哀素之心也者杜子春連引於經無所當玄謂熬者棺旣蓋設於其旁者約士喪禮而知云所以惑蚍蜉也者無正文鄭君以意解之以其熬穀似蚍蜉蚍蜉見之不至棺旁故言惑云喪大記曰熬君四種八筐者黍稷稻粱各二筐云大夫三種六筐者黍稷粱各二筐云士二種四筐者黍稷各二筐云加魚腊焉者君大夫士同云士喪禮曰熬黍稷各二筐有魚腊饌于西坫南者堂西南隅謂之坫饌於此者據未用時加之蓋後設於棺旁云又曰設熬旁一筐乃塗者此皆所設之處言旁一筐則首足各一筐大夫亦旁各二筐首足各一筐君八筐左右各二筐首足亦各二筐鄭君引此者將以破子春爲重

及葬設道齎之奠分禱五祀杜子春云齎當爲粢道中祭也漢儀每街路輒祭玄祀告王去此宮中不復反故與祭祀也王七祀祀五者司命大厲平生出入不以告○齎音咨遣弃戰反〔疏〕及葬至五祀○釋曰齎送也送道之奠謂將葬於祖廟之庭設大遣奠遣送死者故謂之送道之奠因分此奠以告五祀言王去此宮中也○注杜子至以告○釋曰子春云讀齎爲粢粢謂黍稷以爲道中祭也者引漢法爲證後鄭不從者按旣夕

禮祖廟之庭禮道中無祭法玄謂齋猶送也送道之奠謂遣奠也者按既夕禮祖廟之庭厥明設大遣奠包牲取下體是也云分其牲體以祭五祀告王去此宫中不復反者言分牲體者包牲而取其下體下體之外分之爲五處祭也云王七祀者祭法文云司命大厲平生出入不以告者按月令春祀戸夏祀竈季夏祀中霤秋則祀門冬則祀行此並是人之所由從之處非直四時合祭所以出入亦宜告之按祭法王七祀之中有司命大厲此經五祀與月令同月令不祭司命及大厲之等此不祭則可知既夕士禮亦云分禱五祀者鄭注云博求之依祭法士二祀

大師掌釁祈號祝鄭司農云釁謂釁鼓也春秋傳曰君以軍行祓社釁鼓祝奉以從〔疏〕大師至號祝○釋曰言掌釁者據大師氏之文而言耳則惟爲以血釁鼓祈號也者將出軍禱祈之禮皆小祝號以讀祝辭蓋所以令將軍祈而請之也此皆小事故大師用小祝以讀祝耳○注鄭司至以從○釋曰引春秋傳曰者定四年祝佗辭引之者證軍師有釁鼓之事所引之辭者將以釁軍師有必取威於天下欲使敵人畏之也所以必有征伐四方之事故須用血以釁於鼓故有釁鼓之事

有寇戎之事則保郊祀于社故書祀或作禩鄭司

農云謂保守郊祭諸祀及社無令寇侵犯之杜子春讀禖爲祀書亦或爲祀玄謂保祀互文郊社皆守而祀之彌裁兵○禖音祀令力呈反下令可同〔疏〕注故書至裁兵○釋曰先鄭云謂保守郊祭諸祀及社者先鄭之義經之祀謂祀神故云祭諸祀及社後鄭不從者以其經祀爲諸祀祀與社文孤不見祭事故祀於社共爲一事解之玄謂保祀互文者郊言保守亦祀社言祀亦保守故云郊社皆守而祀之云彌裁兵者經言有寇戎之事則亦是裁兵兵故引小祝彌裁兵而解之

凡外內小祭祀小喪紀小會同小軍旅掌事焉〔疏〕凡外至事焉○釋曰外內小祭祀者按小司祭按司服掌小祀用玄冕鄭注云小祭祀王玄冕所是外小祭祀也其內小祀祀謂宮中七祀之等小喪紀者王后以下之喪小會同謂諸侯遣臣來王使卿大夫與之行會同之禮小軍旅者王不自行遣卿大夫征伐掌事者此數事皆小祝專掌其事也

附釋音周禮注疏卷第二十五

周禮注疏卷二十五挍勘記

阮元撰盧宣旬摘錄

附釋音周禮注疏卷第二十五

占夢　唐石經諸本同釋文占夢本又作寢按說文寢部云寢寐而有覺也从宀从爿夢聲引周禮以日月星辰卜六寢之吉凶夢皆作寢故陸氏本又作夢此後人據今本乙改也當云寢本又作夢

陰建在戌　漢制考戌作戊

春秋緯云王者休　按王上當脫生

日始有謪　閩監本同余本嘉靖本毛本謪作適當據以訂正釋文賈疏皆作適

故于爲主人　監毛本于作干皆午之訛閩毛本改知非

老童楚象　惠挍本老童作童子

二曰噩夢　困學紀聞云列子夢有六候與占夢同噩作蘁按說文引周禮作咢寢蓋許讀噩爲咢○按咢即今

咢字杜云驚愕是也許所據周禮蕢作咢杜本葢同

噩當爲驚愕之愕 葉鈔釋文愕作鄂○按釋文是也

四曰寤夢 釋曰寤本又作寤釋文作悟寤

覺時道之而夢 廣韻引此時下有所按上思夢注云覺時所思念之而夢則此亦當有所字今本脫也

喜悅而夢 閩監毛本同余本嘉靖本悅作說此本疏中亦作說

或云其字當爲明 閩監本同毛本爲誤謂余本岳本嘉靖本或作又當據正

猶釋采也 余本嘉靖本閩監本同誤也毛本采作菜與下釋菜及采始生正一例岳本嘉靖本上下皆作釋菜非

難謂執兵以有難卻也 余本卻作郤是

疫厲鬼也閩監毛本同余本嘉靖本厲作癘是

杜子春難讀爲難問之難閩監毛本同誤也余本岳本嘉靖本上一難字作儺當據正

其字當作難余本岳本嘉靖本閩本同監毛本難誤儺

命國儺余本岳本嘉靖本同下並同誤也閩監毛本皆作難當據以訂正

故先令方相氏監本同毛本先改告皆非閩本作故云當據正

以其難去疫癘毛本同閩監本癘作厲非

去九門磔禳者浦鏜云云誤去毛本磔作磔

眂祲

煇謂日光炁也釋文炁本亦作氣按賈疏引作謂日光氣也炁俗字下注皆作氣

象者如赤烏也嘉靖本作赤烏

如煇狀也　釋文如暈本亦作煇音同按日旁氣字當作暈從日今本作十煇之煇非

闇日月食也　補毛本月下有食字此本誤脫

敘者雲有次序也　閩監毛本同余本嘉靖本無也此衍○按毛本也誤敘

想者輝光也　閩監本同余本嘉靖本毛本輝作煇此誤

主安居其處　浦鏜云當作主安其居處

大祝

此六辭皆是祈禱之事　盧文弨曰通考作六祝

按一曰已下　閩本同監毛本已改以下自此已上同

寧風旱即迎時雨　閩監本同誤也當從毛本作逆時雨

四曰禜　唐石經禜字缺

號呼告于神以求福　閩監毛本同余本岳本嘉靖本無于此衍賈疏引注亦作號呼告神

則水旱癘疫之災　賈疏云傳文癘疫之災於是乎禜之此云不時者鄭君讀傳有異孫志祖云據疏當作水旱癘疫之不時兼有鄙人注可證今本作災是從人據左傳改段玉裁亦云當作不時

奈何以陰侵陽以卑侵尊　漢制考無下以

又曰乃立引以相副　閩本同監毛本立作竝

明先以爲尊命責之　浦鏜云爲衍字

一曰祠　諸本同唐石經缺漢讀考云祠當是詞之誤大行人協辭命注故書協辭命作汁詞命鄭司農云詞當爲辭元謂辭命六辭之命也是故書辭作詞之證

禆諶草創之　余本嘉靖本同閩監毛本禆作裨非此本疏中引註作卑葉鈔釋文及余本載音義皆作卑○按漢書古今人表作卑

曾孫蒯聵　余本嘉靖本聵作聵此從目訛

誄謂積累生時德行以錫之　閩監毛本同余本嘉靖本錫作賜按疏中引注亦作賜

不愸遺一老　閩監毛本愸作憖皆訛釋文余本嘉靖本作憖當據正

嬛嬛予在疚　釋文嬛嬛求營反在疚九又反不出予字按左傳予作余此注余一人亦作余陸本或無此字

元謂一曰祠者　賈疏引注作元謂一曰辭者按鄭君從司農改祠爲辭故下云辭之辭也此仍作祠非

辭之辭也　賈疏引作是此之辭也非是

禱是之辭　余本嘉靖本同閩監毛本作是禱之辭

故以辭苞之　閩監毛本苞作包下同

此命誥之議　浦鏜云義誤議從儀禮通解續挍

齊入輸范氏粟　浦鏜云人誤入

衛爲大子禱而爲此辭　浦鏜云上爲字衍

謂與族人飲食宴之處　浦鏜云族誤飲

云是之辭者　浦鏜云是下脫禱

爲犧牲皆有名號　賈疏引注爲作謂此誤諸本同

粢號謂黍稷皆有名號也　嘉靖本同閩監毛本粢改齍謂誤爲余本作粢岳本作謂與此合

黍曰香合　余本嘉靖本同閩監毛本香改薌下句香字及疏同

梁曰香箕　賈疏余本嘉靖本閩本箕作萁釋文作香其此從竹非閩毛本梁作粱○按粱曰香其釋文是

也說詳禮記

六曰擩祭漢讀考擩字經注皆作㨎云儀禮㨎字屢見開成石經以下特牲少牢作㨎㨎不誤公食大夫士虞及周禮誤作擩以子春讀如芮儀禮周禮釋文皆曰而泉反一音而劣反劉又而誰反證之則其字定爲耎聲今本說文作擩染也引周禮擩擩祭則幷其原本改之以致五經文字云㨎字書無此字見禮經然則當張參時說文字林玉篇皆已有擩無㨎矣

擩讀爲虞芮之芮岳本嘉靖本同閩監毛本爲誤謂漢讀考云此讀爲當作讀如擬其音如芮耳

經注擩字皆㨎之誤

如今祭殤無所主命漢讀考云殤當爲禓說文示部禓道上祭也正司農所謂羨之道中無所主命也

擩祭以肝肺菹余本肺作胏下並同此本亦下並作胏○按胏非也胏訓乾肉

以手從胏本 釋文出從持胏三字云劉沈皆子容反今本或無持字從則如字按賈疏本亦無持字

主祭食 閩監毛本同余本嘉靖本主作王當據正賈疏引注不誤

共綏執授 授神契共作供按注引孝經說共綏爲授綏以證共之訓授耳疏云共此綏祭非也宋王應麟辨之困學紀聞云續漢禮儀志注孝經援神契曰尊三老者父象也謁者奉几安車輭輪供綏執授宋均曰供綏三老就車天子親執綏授之永平二年養老詔有安車輭輪供綏執授之語

注杜子至執授 補此本脫執授二字

司農云以初祭擩于鹽 閩毛本同監本祭作時云疑衍

此據授義而言也 閩監本作授祭毛本作振祭

孝經諱文 閩監本同誤也毛本諱作緯當據正

辨九㩮 閩監毛本同誤也余本作攀亦非釋文唐石經嘉靖本作擽當據正廣韻十六怪擽下引作辨九擽

一曰稽首 唐石經諸本作稽首釋文作䭫首云本又作稽毛本改從釋文

以享右祭祀 毛本祀誤祝

稽顙而后拜 閩監毛本同余本嘉靖本后作後當據正此蓋因疏引檀弓文竄改而疏中反互改爲後

動讀爲哀慟之慟 葉鈔釋文作哀動余本載音義亦作動今通志堂本作哀慟

書亦或爲董振董以兩手相擊也 疏云書亦或爲董振之董者讀從左氏董之以威是董振之董漢讀考云書亦或爲董句絕疏誤

王動色變 余本作變色

其稽稽留之字 浦鏜云當從儀禮經傳通解作稽是稽留之義

敢不稽首 補此本脫首字

非謂文相近 浦鏜云義誤文從儀禮通解續校

不據衆子常稽顙者閩監毛本常作嘗

此二者后鄭皆不從之閩監毛本作後鄭此誤下三后鄭同

按今文大誓得火烏之瑞閩監毛本烏誤鳥

以給烝享監本烝作蒸非

令鐘鼓右閩監毛本同唐石經余本嘉靖本鐘作鍾此後人改從正字耳

相尸禮唐石經諸本同葉鈔釋文作相屍○按此古本從段借字

肆匓所爲陳尸設匓也惠校本爲作謂

付練祥唐石經諸本同毛本祥誤詳

甸人主設複祶閩監本同毛本祶誤稊余本嘉靖本作梯葉鈔釋文同

祔祭於祖□監本祔誤附祖下實缺一字閩本刪去監毛本作廟

代王受眚烖 毛本眚災誤倒

小祝

禬禳卻凶咎 余本同閩監毛本卻誤郤

二者即是禳 浦鏜云三誤二

故摠謂之禱祠之祝辞 閩本辞作辭監毛本誤號

爲始祭逆尸而入 浦鏜云爲當謂字

欲自此已上 浦鏜云欲下當脱見

故書濔爲攡 閩監本濔誤彌

銘書死者名於旌 漢讀考銘作名云此司農從今書作名也今本作銘非是

爲銘各以其物 釋文爲名音銘下取名同按司農從今書士喪禮注亦云今文銘皆爲名今本爲名

及下取名皆改銘非也當從陸本

赬末長終幅　余本閩監毛本赬作䞓嘉靖本作頳按釋文作䞓與集韻同賈疏作䞓○按作赬是也

故以其旗識之　釋文旗識下重識字云並傷志反一讀下識如字漢讀考云子春所引檀弓與鄭君注士喪皆云故以旗識識之今本周禮注少一識字釋文獨爲善本

旣殯置於階西上　浦鏜云階西字誤倒

君沐粱大夫沐稷　閩監毛本粱誤梁下同毛本稷誤即

置銘于𦤎上　閩監本同毛本上作二則下屬二事相當爲句

王七祀五者　閩監毛本同徐本余本嘉靖本疊祀字此脫

據大師氏之文而言耳　浦鏜云氏當衍文按或職之誤

則惟爲以血釁鼓　毛本爲誤薦

祈號也者盧文弨曰通考也作祝此誤

周禮注疏卷二十五挍勘記終

南昌袁恭謙校

附釋音周禮注疏卷第二十六

鄭氏注　賈公彥疏

喪祝掌大喪勸防之事鄭司農云勸防引柩也杜子春云防當爲披玄謂勸猶倡帥前引者防謂執披備傾戲。○披彼寄反下同倡昌亮反戲音虧〔疏〕注鄭司至傾戲○釋曰先鄭云勸防引柩後鄭不從者但引者天子千人執六引在柩車前防謂披在柩車傍備傾虧二者別司農共爲一故不從子春云防當爲披義無所取故不從玄謂勸猶倡帥前引者即下經御柩一也謂執纛居柩路前却行左右車脚有高下則以纛詔告執披者使持制之不至傾虧倡先也故云倡帥前引者云防謂執披備傾虧者按夏官司士作六軍之執披故以執披解防恐柩車傾側故云備傾虧此經勸防因言所掌事及其行事下文及朝御匶是也

及辟令啓鄭司農云辟謂除菆塗椁也令啓謂喪祝主命役人開之也檀弓曰天子之殯也菆塗龍輴以椁加斧于椁上畢塗屋天子之禮也○菆才官反輴勅倫反〔疏〕注鄭司至禮也○釋曰先鄭云辟謂除菆塗椁也者天子七月而葬七日

殯殯時以椁菆塗其棺及至葬時故命役人開之引檀弓曰天子之殯也菆塗龍輴以椁者天子諸侯殯用輴車天子畫轅爲龍先置龍輴於西階之上又置四重棺於輴車之中大斂於阼階訖奉尸入棺加蓋乃置熬於棺傍乃於椁欑其四面與棺平乃加斧於棺上以覆棺上更加之以椁材乃畢塗之如四面靈屋故云菆塗龍輴以椁加斧於椁上畢塗屋天子之禮也加斧於椁上者按檀弓云布幕衛綃幕魯布幕諸侯法綃幕天子禮刺以黼文謂之斧者形如大斧文言上者加斧訖乃欑塗其上故言加斧於椁上

及朝御匶乃奠

鄭司農云朝謂將葬朝於祖考之廟而後葬行則喪柩爲御柩也檀弓曰喪之朝也順死者之孝心也其哀離其室也故至於祖考之廟而後行殷朝而殯於祖周朝而遂葬故春秋傳曰凡夫人不殯于廟不祔于姑則弗致也晉文公卒將殯於曲沃就宗廟晉宗廟在曲沃故曰曲沃君之宗也又曰丙午入于曲沃丁未朝于武宮玄謂乃奠朝廟奠○朝直遥反注皆同匶音舊離力智反下同

[疏]及朝御匶乃奠○釋曰言及朝者及猶至也謂侵夜啓殯昧爽朝廟故云及朝云御柩者發殯宫輴車載至廟其時喪祝執纛居前以御正柩也云乃奠者按既夕禮朝廟之時重先奠從燭從柩從彼奠昨夜夕奠至廟下棺於廟兩楹之間棺

西設此宿奠至明徹去宿奠乃設此朝廟之奠於柩西故云乃奠○注鄭司至廟奠○釋曰先鄭解朝廟法後鄭皆從之不改引檀弓云殷朝而殯於祖者殷人殯於廟始死斂訖即以柩朝廟而殯之故云殷朝而殯於祖云周朝而遂葬者周人不殯於廟故始死殯於路寢七月而葬以次朝七廟先禰而後祖廟別一宿後朝始祖廟遂出葬於墓故云周朝而遂葬云故春秋傳曰凡夫人不殯于廟者此僖八年左氏傳秋七月禘于大廟用致夫人傳曰秋禘而致哀姜焉非禮也凡夫人不薨于寢不殯于廟不赴于同不祔于姑則弗致也注云寢小寢同同盟言諸侯夫人有罪不以禮終不當致云晉文公卒將殯于曲沃此左氏僖公三十二年晉文公卒庚辰將殯於曲沃就宗廟已下鄭君解義語晉宗廟在曲沃者晉承桓叔之後桓叔本在曲沃故晉宗廟在曲沃云故曰曲沃君之宗也者莊二十八年左氏傳驪姬欲立其子賂外嬖梁五與東關嬖五使言於公曰曲沃君之宗也不可以無主夏大子居曲沃是也又曰丙午入于曲沃丁未朝于武宮此僖二十四年二月壬寅公子重耳入於晉丙午入曲沃丁未朝於武宮按趙商問周朝而遂葬則是殯于宮葬乃朝廟按春秋晉文公卒殯于曲沃是爲去絳就祖殯與禮記義異未通其記皆曰葬乃朝廟當周之正禮也其末世諸侯國何能同

也傳合不合當解傳耳不得難經何者既夕將葬遷于祖用軸既夕是周公正經朝廟乃葬故云不得難經孔子發凡言不葬于寢不殯于廟不祔于姑則不致明正禮約殯于廟發凡則是關異代何者孔子作春秋以通三王之禮先鄭引之者欲見春秋之世諸侯殯于廟亦當朝廟乃殯玄謂乃奠朝廟奠者以經文奠在朝下明不據初來宿奠是據厥明所設朝廟之奠

及祖飾棺乃載遂御

鄭司農云祖謂將葬祖於庭象生時出則祖也故曰事死如事生禮也檀弓曰飯於牖下小斂於戶內大斂於阼殯於客位祖於庭葬於墓所以即遠也祖時喪祝主飾棺乃載遂御之喪祝爲柩車御也或謂及祖至祖廟也玄謂祖爲行始飾棺設柳池紐之屬其序載而後飾既飾當還車鄉外喪祝御之御之者執纛居前卻行爲節度飯扶晚反還音旋一音回鄉許亮反纛音道○

【疏】及祖至遂御○釋曰言及祖者及至也初朝禰次第朝親廟四次朝二祧次朝始祖后稷之廟至此廟中設祖祭按既夕禮請祖期日日側是至祖廟之中而行祖祖始也爲行始而言飾棺乃載者既載乃飾按既夕禮遂匠納車於階間卻柩而下棺乃飾棺設帷荒之屬飾訖乃還車向外移柩車去載處至庭中車西設祖奠天子之禮亦是先載乃飾棺此先云飾棺後言乃載者直取

便文非行事之次第云遂御者加飾訖移柩車喪祝執纛却行御正柩故云遂御之○注鄭司至節度○釋曰先鄭解祖及飾棺其義是故後鄭從之增成其義云將葬祖於庭者檀弓文云象生時出則祖也者詩云仲山甫出祖是也云故曰事死如事生禮也者按祭義云文王之祭也事死如事生義出於彼以其生時出有祖故死亦有祖檀弓曰飯於牖下至即遠也按檀弓曾子弔於負夏氏主人既祖奠徹推柩而反之曾子從者怪主人推柩而反問於曾子曾子對曰胡爲其不可從者問子游子游對此辭云飯於牖下者謂始死於北牖下遷尸於南牖下沐浴訖即飯含故云飯於牖下小斂於戶內小斂十九稱在戶內大斂於阼者士三十稱大夫五十稱諸侯百稱天子百二十稱皆於阼階故言大斂於阼殯於客位者夏后氏殯於阼階殷人殯兩楹間周人殯於西階故云殯於客位祖於庭者行祖祭在祖廟之庭葬於墓者行祖祭訖至明且行大遣奠既奠引柩向壙故云葬於墓所以即遠也者此子游之意從飯於牖下至葬於墓即就也節級皆是就遠不合反來引之者證此經祖是爲行始向遠之義云祖時喪祝主飾棺乃載者重解祖及飾載之事云遂御之喪祝爲柩車御也者後鄭增成之云或謂及祖至祖廟也者以其飾載在祖廟中故以祖爲祖廟解之後鄭雖不從亦通

一義玄謂𬨎爲行始此後鄭增成先鄭前解祖也云飾棺設柳池紐之屬者喪大記文柳者諸色所聚帷荒之屬是也紐者君三池纁紐六之屬是也司士云作六軍之士執披彼引喪大記其於此署言也云其序者鄭見經先言飾棺後言乃載車向外於文到故依既夕禮先載而後飾當還車向外以其載時車北向飾訖當還車向外喪祝御之御之者執纛居前御行爲節度者恐柩車傾虧以纛告之故云爲節度也

及葬御匶出宮乃代喪祝二人相與更也〇更音庚（疏）注喪祝至更也〇釋曰及至也謂於祖廟厥明大奠後引柩車出喪祝於柩車前御行御柩車出宮乃代者按序官云喪祝上士二人故鄭云二人相與更也

及壙說載除飾鄭司農云壙謂穿中也說載下棺也除飾去棺飾也四翣之屬令可舉移安錯之玄謂除飾便其窆爾周人之葬牆置翣〇說吐活反注同劉詩悅反去起呂反翣所甲反本亦作㚇錯七故反便婢面反窆彼驗反劉補鄧反（疏）及壙說載除飾〇釋曰及至也至壙脫載謂下棺於地除飾謂除去帷荒下棺於坎訖其帷荒還入壙張之於棺〇注鄭司至置翣〇釋曰云四翣之屬者按襄公二十五年齊崔杼弒莊公不以君禮葬之按喪大記及禮器士二翣大夫四翣諸侯

六翣天子八翣今用四翣是不成君禮也云令可舉移安錯
之者謂除去棺飾者令可舉移安錯於壙中安錯之言出孝經
玄謂周人之葬牆置翣者檀弓云殷人棺槨周人牆置翣牆
謂帷荒與柩爲郭若牆然故謂之牆言置翣者翣在道柩車
傍人執之入壙置之於槨傍故云置也
引之者證飾既除還入壙設之義也 **小喪亦如之**
疏 小喪亦如之○釋曰小喪王后世子已下之喪自掌勸
防已下至除飾皆據王喪其小喪亦有勸防已下之事
故云亦如之 **掌喪祭祝號** 喪祭虞也檀弓曰葬日虞不忍
一日離也是日也以虞易奠卒
哭日成事是日也 疏 注喪祭虞也至祭易喪祭○釋曰引
以吉祭易喪祭 檀弓云葬日虞不忍一日離也者葬
日設大遣奠而出葬訖反日中而虞送形而往迎魂而反虞
者安也葬日虞祭所以安神不使父母一日離散故設虞祭
也云是日也以虞易奠者葬日反日中而虞奠者自未葬已
前始死之後皆是今既葬是以虞易奠也云卒哭曰成事是
日也以吉祭易喪祭者喪中自相對虞爲喪祭卒哭爲吉祭
士虞禮始虞曰哀薦祫事再虞曰哀薦虞事三虞曰哀薦成
事卒哭祝辭亦稱成事也祭以吉爲成故云是
日也以吉祭易喪祭引之者證經喪祭是虞也 **王弔則與**

巫前鄭司農云喪祝與巫以桃厲執戈在王前檀弓曰君臨臣喪以巫祝桃茢執戈惡之也所以異於生也春秋傳曰楚人使公親襚公使巫以桃茢先祓殯楚人弗禁既而悔之君臨臣喪之禮故悔之○厲音列記作茢黍莖穰也音例亦音列　王弔則與巫前○釋曰王弔者諸侯諸臣

疏死王就室弔之喪祝與男巫在王前也○注鄭司至悔之○釋曰先鄭云喪祝與巫以桃厲執戈在王前者桃者鬼所惡茢苕帚所以埽不祥桃茢二者祝與巫執之執戈者是小臣也按喪大記小臣二人執戈立於前二人立於後彼是諸侯法王弔亦然故兼言執戈檀弓曰君臨臣喪以巫祝桃茢執戈惡之也是天子之禮故引之言惡之也所以異於生也者死者之傍有凶邪之氣故須桃茢以惡之是異於生春秋傳曰者是襄二十九年左傳文按傳襄公朝於荊康王卒楚人使公襲襲者臣賤之事欲使公行臣禮公使巫以桃茢祓殯楚人弗禁者不知禮故不禁既而悔之者後覺始悔是君臨臣喪之禮故悔之引之者證經喪祝與巫前有桃茢之事按檀弓云使公襲左傳云襚不同者襚即襲也襲時未殯而云祓殯者名尸爲殯耳　掌勝國邑之社稷之祝號以祭祀禱祠焉勝國邑所誅討者社稷者

若亳社是矣存之者重神也蓋奄其上而棧其下（疏）掌勝。至祠。爲北牖。亳步博反棧劉才產反一音上諫反釋曰以祭祀禱祠者祭祀謂春秋正祭禱祠謂國有故祈請求福曰禱得福報賽曰祠。注勝國至北牖。釋曰云勝國邑所誅討者古者不滅國有違逆被誅討者更立其賢子弟還得事其社稷今云勝國之社稷者爲據武王伐紂取其社稷而事之故云若亳社是矣也據其地則曰亳據彼國喪亡即爲亡國之社稷此注勝之即爲勝國之社稷是以郊特牲云喪國之社春秋謂之亳社也云存之者重神也者君自無道被誅社稷無罪故存之是重神也云蓋奄其上而棧其下爲北牖者按哀公四年夏六月辛丑亳社災公羊傳曰亡國之社蓋揜其上而柴其下爲北牖者郊特牲文郊特牲喪國之社必屋之爲北牖不受天陽使陰明公羊云揜其上即屋之是也棧其下者非直不受天陽亦不通地陰

凡卿大夫之喪掌事而斂飾棺焉（疏）凡卿至棺焉釋曰言掌事者雖禮有降殺勸防以下皆掌之兼主斂事故揔云掌事而斂飾棺焉

甸祝掌四時之田表貉之祝號杜子春讀貉爲百爾所思之百

書亦或爲禡貉兵災也甸以講武治兵故有兵祭詩曰是類是禡爾雅曰是類是禡師祭也玄謂田者習兵之禮故亦禡祭禱氣勢之十百而多獲○貉莫駕反注禡同甸音田下文同

〔疏〕甸祝至祝號○釋曰言掌四時之田表貉之祝號者四時田即大司馬所云春蒐夏苗秋獮冬狩按大司馬大閱禮云既陳乃設驅逆之車有司表貉於陳前當此貉祭之時田祝爲號○注杜子至多獲○釋曰子春云讀貉爲百爾所思之百讀從毛詩後鄭從之增成其義云書亦或爲貉者毛詩爾雅皆爲此字云貉兵祭也者爾雅云禡師祭是也引詩云是類是禡者大雅皇矣之詩也玄謂田者習兵之禮故亦禡祭者詩與爾雅據出征之祭田是習兵故亦禡祭云禱氣勢之十百而多獲者應十得百望多獲禽牲此解禡字之意

舍奠于祖廟禰亦如之

舍讀爲釋釋奠者告將時田若時征伐鄭司農云禰父廟○舍音釋下同

〔疏〕舍奠至如之○釋曰天子將出告廟而行言釋奠於祖廟者非時而祭即曰奠以其不立尸奠之言停停饌具而已七廟俱告故祖禰并言○注舍讀至父廟○釋曰舍讀爲釋者周禮禮記多爲舍字鄭讀皆爲釋云釋奠者告將時田若時征伐者此經上下惟言時田不言征伐按大祝大師造于祖大會同造于廟皆造祖禰

故兼言征伐 師甸，致禽于虞中，乃屬禽及郊，饁獸舍奠于祖禰，乃斂禽，禂牲禂馬，皆掌其祝號。

師田謂起大衆以田也致禽於虞中使獲者各以其禽來致于所表之處屬禽別其種類饁饋也以所獲獸饋於郊薦于四方羣兆入又以奠于祖禰薦且告反也斂禽謂取三十入腊人焉杜子春云禂禱也爲馬禱無疾爲田禱多獲禽牲詩云既伯既禱爾雅曰既伯既禱馬祭也玄謂禂讀如伏誅之誅今侏大字也爲牲祭求肥充爲馬祭求肥健○屬音燭饁于輒反禂音誅一音禱別彼列反爲于僞反下同侏音誅字林音朱〔疏〕注師田至肥健○釋曰云致禽於虞中使獲者各以其禽來致於所表之處者若田獵在山山虞植旗田獵在澤澤虞植旌各植旗爲表故解致禽于虞中者使獲者各以其禽來致於所表之處也云屬禽別其種類者禽獸既致於旌旗之所甸祝分別其種類麋鹿之類各爲一所云饁饋也以所獲獸饋於郊薦于四方羣兆者按小宗伯兆五帝於四郊四類四望亦如之兆山川丘陵各於其方是以四郊皆羣神之兆今田獵在四郊之外還國必過羣兆故將此禽獸薦於羣兆直以禽祭之無祭事云入又以奠於祖禰薦

且告反也者，上經舍奠於祖廟謂出用。今此舍奠在釁獸之下，是告反也。言薦者，又以所獲禽牲薦廟也。云斂禽謂取三十者，按穀梁云禽一擇取三十。知入腊人者，按腊人云掌凡田獸之脯腊。按王制一爲乾豆，二爲賓客，三爲充君之庖，此入腊人者，按上殺者乾之以爲豆實供祭祀，其餘入賓客庖廚，直入腊人者，據祭祀重者而言，脯非豆實，而言乾豆者，以脯爲醢，故醢人注云：作醢及臡者，先膊乾其肉，乃後莝之，雜以粱麴及鹽，漬以美酒，塗置甀中，百日則成矣是也。杜子春云禂禱也，爲馬禱無疾已下，後鄭皆不從者，以凡言牲者，卜日曰牲，據祭祀之牲，不得據田獵之獸，又禂不得爲禱祈字。玄謂禂讀如伏誅之誅者，此俗讀也，時有人甘心惡伏誅，故云伏誅之誅，此從音爲誅。云今誅。大字也者，今漢時人傍侏是侏大之字，此取肥大之意，故云爲牲祭求肥充，解經禂牲；云爲馬祭求肥健，釋經禂馬。鄭既解禂爲大，知此皆有祭者，以其言皆掌其祝號，是有祭事。

詛祝掌盟、詛、類、造、攻、說、禬、禜之祝號。八者之辭，皆所以告神明也。盟詛主於要誓，大事曰盟，小事曰詛。〔疏〕注八者至日詛。○釋日：此八者之內，類造已下是大祝六祈大祝不掌祝號故此詛祝與盟同爲祝號秋官自有司盟之官此詛祝兼言之者司盟直掌盟載之法不掌祝號與載辭故使詛祝掌之云大事曰盟小事曰詛者盟者盟將來春秋諸侯會有盟無詛詛者詛往過不因會而爲之故云大事曰盟小事曰詛也

作盟詛之載辭以叙國之信用以質邦國之劑信

載辭爲辭而載之於策坎用牲加書于其上也國謂王之國邦國諸侯國也質正也成也文王脩德而虞芮質厥成鄭司農云載辭以春秋傳曰使祝爲載書

疏 曰云作盟至劑信○釋曰云作盟詛之載辭者爲要誓之辭載之於策人多無信故爲辭對神要之使用信故云以叙國之信用云以質邦國之劑信者質正也成也亦爲此盟詛之載辭以成正諸侯邦國之劑謂要券故對神成正之使不犯○注載辭至載書○釋曰言爲辭而載之于策者若然則策載此辭謂之載云坎用牲加書于其上也者按襄二十六年左氏傳云宋寺人伊戾坎用牲加書爲世子痤僞與楚客盟司盟注具引此文於此注畧也引春秋者據載書而言知者按司盟掌盟載之法彼注云載盟辭也盟者書其辭於策即是此載辭也又注云殺牲取血坎其牲加書於上而埋之謂之載書即引春秋宋寺人之事明此坎用

牲加書於其上據載書而言以此言之則書辭於策謂之載辭加書於牲上謂之載書司盟掌載書詛祝掌載辭此注兼言坎用牲加書之事者事相因故兼解之云國謂王之國邦國諸侯國也者周禮體例單言國者皆據王國邦國連言者皆據諸侯故爲此解云文王脩德而虞芮質厥成者大雅文王詩也彼訓質爲成成爲平謂成其平和之事引之者證質爲成義先鄭引春秋傳曰者按哀二十六年左氏傳云宋大尹使祝爲載書司農之意以載辭與載書爲一得通一義故引之

在下

司巫掌羣巫之政令若國大旱則帥巫而舞雩雩旱祭也天子於上帝諸侯於上公之神鄭司農云魯僖公欲焚巫尪以其舞雩不得雨○尪音汪〔疏〕司巫至舞雩○釋曰掌羣巫之政令者下文男巫女巫皆掌之云若國大旱則帥巫而舞雩者謂帥女巫已下是以女巫職云旱暵則舞雩亦據脩雩而言也○注雩旱至得雨○釋曰言雩旱祭也者經云國大旱而舞雩明雩是旱祭是以春秋緯考異郵云雩者呼嗟求雨之祭云天子於上帝諸侯於上公之神知者按禮記月令大雩帝習盛樂據天子雩五帝

按彼下文命百縣雩祀百辟卿士百縣謂畿內鄉遂明畿外諸侯亦雩祀百辟卿士即古上公句龍柱棄之等是天子祀上帝諸侯祀上公若魯與二王之後得祀天者亦得雩祭天鄭司農云魯僖公欲焚巫尪。尪以其舞雩不得雨者按僖二十一年夏大旱公欲焚巫尪尪不必舞雩故檀弓云魯穆公云吾欲暴尪而奚若又云吾欲暴巫而奚若縣子曰天則不雨而暴人之疾子虐無乃不可與鄭注云尪者面鄉天覬天哀而雨之明非舞雩之人司農兼引尪者挾句連引之其實非舞者若四月正雩非直有男巫女巫按論語曾晳云春服既成童子六七人冠者五六人兼有此等故舞師云教皇舞帥而舞旱暵之祀舞師謂。野人能舞者明知兼有童子冠者可知

國有大烖則帥巫而造巫恒杜子春云司巫帥巫官之屬會聚常處以待命也玄謂恒久也巫久者先巫之故事造之當按視所施爲

（疏）注杜子至施爲。釋曰子春之意帥巫者巫則女巫恒訓爲常故云會聚常處後鄭不從玄謂恒久也巫久者先巫之故事後鄭之意以恒爲先世之巫久故所行之事今司巫見國大烖則帥領女巫等往造所行之事按視舊所施爲而法之

祭祀則共匰主及道布及蒩館杜子春云蒩。讀

爲鉶匰器名主謂木主也道布新布三尺也鉏藉也館神所館止也書或爲葅館或爲租飽或曰布者以爲席也租飽茅裹肉也玄謂道布者爲神所設巾中霤禮曰以功布爲道布屬于几也葅之言藉也祭食有當藉者館所以承葅謂若今筐也主先匰葅後館玄言之者明共主以匰共葅以筐大祝取其主葅陳之器則退也士虞禮曰苴刌茅長五寸實于筐饌于西坫上又曰祝盥取苴降洗之升入設于几東席上東縮○匰音丹葅子都反鉏子都反下同藉慈夜反下同租劉音緅又音卷沈音子餘反飽音苞又音弭裹音果爲于僞反刌音寸

疏注杜子至東縮○釋曰子春所解及讀字惟解匰器名一事後鄭從之自餘並義無所取後鄭不從玄謂道布者爲神所設巾即引中霤禮以功布爲道布屬於几是也云葅之言藉也祭食有當藉者謂常藉所當之食云館所以承葅謂若今筐也者筐所以盛葅者也云主先匰葅後館互言之者謂主先匰器在上者欲見以匰器盛主來向祭所大祝取得主匰器即退葅後言館器欲見大祝取得葅館器退明亦初以館盛葅來互言之是以鄭云明共主以匰共葅以筐大祝取其主葅陳之器則退也二事雙解之引士虞禮曰苴刌茅長五寸實於筐饌于西坫上者刌切也切之長五寸又陳之西坫者堂西南隅謂之坫饌陳於此未用前又

曰祝盥升取苴降洗之升。設於几東席上東縮者士虞禮設席於輿禮神東面右几放設于几東席上東縮縮縱也據神東面爲正東西設之故言東縮引之者見苴是藉祭之物

凡祭事守瘗瘞謂若祭地祇有埋牲玉者也守之者以祭禮未畢若有事然祭禮畢則去之。瘞於例反

〈疏〉注瘞謂至去之。釋曰按爾雅祭天曰燔柴祭地曰瘞埋又按肆師立大祀用玉帛牲牷故鄭云瘞謂若祭地祇有埋牲玉者也鄭不言帛亦有帛可知云守之者以祭禮未畢若有事然者但祭地埋牲與禋祀同節作樂下神之後即有埋牲之事以後更有祭祀之節事故使司巫守埋是以鄭云有祭事然云祭祀畢即去之者以其無事故去之不復守也

凡喪事掌巫降之禮降下也巫下神之禮今世或死既斂就巫下禓其遺禮。禓音傷

〈疏〉注降下至遺禮。釋曰人死骨肉下沈於地精魂上歸於天天地與神人通故使巫下神云今世或死既斂就巫下禓其遺禮者按郊特牲鄉人禓鄭注云禓彊鬼彼逐疫癘之事故以禓爲彊界此禓當家之鬼非彊鬼也

男巫掌望祀望衍授號旁招以茅杜子春云望衍謂衍

祭也授號以所祭之名號授之旁招以茅招四方之所望祭者玄謂衍讀爲延聲之誤也望祀謂有牲粢盛者延進也謂但用幣致其神二者詛祝所授類造攻說禬禜之神號男巫爲之招○衍音延下同爲于僞反疏男巫至以茅○釋曰云望祀者類造禬禜遥望而祝之云望衍者衍延也是攻說之禮遥望延其神以言語責之云授號者此二者皆詛祝授以神號云旁招以茅者旁謂四方此男巫於地官祭此神時則以茅招之於四方也○注杜子至之招○釋曰子春所云皆無依據故後鄭不從玄謂破衍爲延者衍字於六祈義無所取故破從延云望祀謂有牲粢盛者注大祝已云類造禬禜皆有牲攻說用幣而已有牲則有黍稷故此兼云粢盛者也云延進也謂但用幣致其神者此即攻說用幣而已是也云二者詛祝所授類造攻說禬禜之神號男巫爲之招者以其授號文故二者之下故知此六神皆授之號之授號知是詛祝者按詛祝而知也

冬堂贈無方無筭故書贈爲矰杜子春云矰當爲贈堂贈謂逐疫也無方四方爲可也無筭道里無數遠益善也玄謂冬歲終以禮送不祥及惡夢皆是也其行必由堂始巫與神通言當東則東當西則西可近則近可遠則遠無常數○矰音曾疏注故書至常數○釋曰子春以堂贈爲逐

疫後鄭不從者逐疫方相氏及占夢不合在此故不從云無筭道里無數遠益善也後鄭不從者既言無數遠近由人不得云遠益善故不從玄謂知堂贈是送不祥及惡夢者見占夢云舍萌于四方以贈惡夢故知鄭云當東則東當西則西不言南北舉東西可知此解無方可近則近可遠則遠無常數此解無筭

春招弭以除疾病 招招福也杜子春讀弭如彌兵之彌玄謂弭讀爲敉字之誤也敉安也安凶禍也招敉皆有祀衍之禮○弭與彌同及下敉皆亡氏反 疏 注招招至之禮○釋曰子春讀弭如彌兵之彌讀從小祝彌災兵之彌玄謂弭讀爲敉字之誤也按小祝後鄭注彌讀曰敉於此云爲敉從子春之誤云敉安也安凶禍也者以經云除疾病故知所安者凶禍知招敉皆有祀衍之禮者此招敉爲招福安禍與侯禳意同侯禳在六祝有祭之法故知此二者亦有望祀望衍之禮可知

王弔則與祝前 巫祝前王也故書前爲先鄭司農云爲先非是也 疏 注巫祝至是也○釋曰按上喪祝云王弔則與巫前此男巫與祝前故二官俱在王前

女巫掌歲時祓除釁浴 歲時祓除如今三月上巳如水上之類釁浴謂以香

薰草藥沐浴〈疏〉注歲時至沐浴○釋曰歲時祓除者非謂○巳音祀歲之四時惟謂歲之三月之時故鄭君云如今三月上巳解之一月有三巳據上旬之巳而爲祓除之事見今三月三日水上戒浴是也云釁浴謂以香薰草藥沐浴者若直言浴則惟有湯今兼言釁明沐浴之物必和香草故云以香薰草藥經直云浴兼言沐者凡絜靜者沐浴相將故知亦有沐也**旱暵則舞雩**使女巫舞旱祭崇陰也鄭司農云求雨以女巫故檀弓曰歲旱繆公召縣子而問焉曰吾欲暴巫而奚若曰天則不雨而望之愚婦人無乃已疏乎○暵呼旱反繆音穆縣音玄暴蒲卜反〈疏〉旱暵則舞雩○釋曰此謂五月已後脩雩故有旱暵之事旱而言暵者暵謂熱氣也○注使女至疏乎○釋曰司農引繆公者魯繆公春秋後事縣子者魯大夫欲暴巫者以其舞雩不得雨引之者證使女巫舞雩之事**若王后弔則與祝前**女巫與祝前后如王禮〈疏〉若王至祝前○釋曰此女巫云與祝前則與天官女祝前后○注女巫至王禮○釋曰云女巫與祝前后如王禮者按前男巫與喪祝前王執桃茢此女巫與女祝前后亦巫執桃祝執茢故云如王禮**凡邦之大栽歌哭而請**有歌者有

哭者冀以悲哀感神靈也〔疏〕凡邦至而請○釋曰大烖言歌哭而請則大烖謂旱暵者○注有歌靈也○釋曰按林頓難曰凡國有大災歌哭而請魯人有日食而哭傳曰非所哭哭者哀也歌者是樂也有哭而歌是以樂烖烖而樂之將何以請哀未失所禮又喪矣孔子曰哭則不歌歌哭而請道將何爲玄謂日食異者也於民無困哭之爲非其所烖害不害穀物故歌必禮也董仲舒曰雩求雨之術呼嗟之歌國風周南小雅鹿鳴燕禮鄉飲酒大射之歌爲然則雲漢之篇亦大旱之歌考異郵曰集二十四旱志立服而緩雲刑理察挺罪赦過呼嗟哭泣以成發氣此數者非大烖歌哭之證也多烖哀也歌者樂也今喪家輓歌亦謂樂非孔子哭則不歌是出何經論語曰子於是日哭則不歌謂一日之中旣以哀事哭又以樂而歌是爲哀樂之心無常非所以譏此禮若然此云歌者憂愁之歌若雲漢之詩是也

大史掌建邦之六典以逆邦國之治掌灋以逆官府之治掌則以逆都鄙之治典則亦法也逆迎也六典八法八則冢宰所建以治百官大史又建焉以爲王迎受其治也大史日官也春秋傳曰天子有日官諸侯有日御日官

居卿以底日禮也日御不失日以授百官于朝居猶處也言建六典以處六卿之職○治直吏反下及注其治同爲于僞反下爲有同底音旨朝直遥反下同

疏 注典則至之職○釋曰云典則亦法也者按大宰注典法則所用異異其名也其實典則與法一也故云典則亦法也云六典八法八則冢宰所建以治百官者冢宰職八法云治官府是也云大史又建焉以爲王迎受其治也者鄭言此者欲見大史重掌此三者非是相副貳大宰既掌此大史迎其治職文書云大史曰官也者以其掌麻數故云日官引春秋傳者桓十七年冬十月朔日有食之不書日官失之天子有日官諸侯有日御服氏注云日官日御典麻數者也日官居卿以底日禮也日御不失日以授百官于朝服注云是居卿者使卿居其官以主之重麻數也按鄭注居猶處也言建六典以處六卿之職與服不同服君之意大史雖下大夫使卿來居之治大史之職與堯典云乃命羲和欽若昊天麻象日月星辰是卿掌麻數明周掌麻數亦是日官鄭意以五帝殊時三王異世文質不等故設官不同五帝之時使卿掌麻數至周使下大夫爲之故云建六典處六卿之職以解之

凡辨灋者攷焉不信者刑之謂邦國官府都鄙以法爭訟來正之者○攷音考爭爭鬭之爭

凡辨至刑之○釋曰按上文大史既受邦國官府都鄙治職文書其三者之內有爭訟來正之者大史觀其辨法得理考之不信者刑之者事理妄冒不信者刑罰之○注謂邦至之者○釋曰鄭知此事是邦國官府都鄙者以其文承上文三者之下故知之

凡邦國都鄙及萬民之有約劑者藏焉

以貳六官六官之所登 約劑要盟之載辭及券書也貳猶副也藏法與約劑之書以爲六官之副其有後事六官又登焉

疏 凡邦至所登○釋曰上文邦國官府都鄙三者俱充此約不言官府者此舉邦國都鄙及萬民在外者而言其實官府約劑亦藏之云以貳六官云六官者六官各有一通此大史亦副寫一通故云以貳六官云六官之所登者約劑相續不絕在後六官更有約劑皆副寫一通上於大史以藏之○注約劑至登焉○釋曰鄭知約劑要盟之載辭及券書者按司盟凡邦國有疑會同則掌其盟約之載故知約劑中有盟要之載辭言及券書者此經萬民約劑無盟要載辭惟有券書故別言券書鄭知所藏之中有法者按司盟云掌盟載之法下又云及其禮儀北面詔明神此既掌辭明并法亦藏之

若約劑亂則辟灋不信者刑

之○謂抵冒盟誓者辟法者考按讀其然不〈疏〉若約至刑之
辭藏在府庫在後抵冒其事不依要辭謂之約劑亂也則辟
法者辟開也法則約劑也則爲之開府庫考按其然否不信
者不依約劑與之刑
罪故云不信者刑之

正歲年以序事頒之于官府及都鄙

中數曰歲朔數曰年中朔大小不齊正之以閏若
今時作麻日矣定四時以次序授民時之事春秋
傳曰閏以正時時以作事事以厚生生
民之本於是乎在○數所主反下同〈疏〉正歲至都鄙○釋曰云正歲年
者謂造麻正歲年以閏則四時有次序依麻授民以事故云
以序事也云頒之于官府及都鄙者官府據在朝都鄙據三
等采地先近及遠故先言官府次言都鄙下乃言邦國○注
中數至乎在○釋曰云中數曰歲朔數曰年者一年之內有
二十四氣正月立春節啓蟄中二月雨水節春分中三月清
明節穀雨中四月立夏節小滿中五月芒種節夏至中六月
小暑節大暑中七月立秋節處暑中八月白露節秋分中九
月寒露節霜降中十月立冬節小雪中十一月大雪節冬至
中十二月小寒節大寒中皆節氣在前中氣在後節氣一名
朔氣朔氣在晦則後月閏中氣在朔則前月閏節氣有入前

月法中氣無入前月法中氣帀則爲歲朔氣帀則爲年假令十二月中氣在晦則閏十二月十六日得後正月立春節此即朔數曰年至後年正月一日得啓蟄中此中氣帀此即是中數曰歲云中朔大小不齊正之以閏者周天三百六十五度四分度之一日一日行一度月一日行十三度十九分度之七二十四氣通閏分之一氣得十五日二十四氣分得三百六十四分度仍有五度四分度之一一度更分爲三十二爲百六十四分度之一者又分爲八分通前爲百六十八分二十四氣分之氣得七分若然二十四氣氣有十五日七分五氣得三十五分取三十二分爲一日餘三分推入後氣即有十六日氣者十五日七分者故云中朔大小不齊正之以閏者月有大小一年三百五十四日而已自餘仍有十一日是以三十三月已後中氣在晦不置閏則中氣入後月故須置閏以補之故云正之以閏是以云若今時作厤日矣云定四時以次序者堯典以閏月定四時解經中序故云定四時以次序云授民時之事者亦取堯典敬授民時解經中事春秋傳曰者文公六年冬閏月不告朔非禮也閏以正時時以作事事以厚生生民之道於是乎在不告閏朔棄時正也何以爲民彼譏文公不告閏朔引之者證閏歲年之事也

頒告朔于邦國天子頒朔于諸

侯諸侯藏之祖廟至朔朝于廟告而受行之鄭司農云頒讀爲班班布也以十二月朔布告天下諸侯故春秋傳曰不書日官失之也〔疏〕注天子至之也○釋曰鄭云天子班朔於諸侯諸侯藏之於祖廟者按禮記玉藻諸侯皮弁聽朔於大祖大祖即祖廟也至朔朝於廟告而受行之者諸侯約天子故縣之於中門而日斂之藏之於祖廟月月用羊告而受行之此經及論語稱告朔玉藻謂之聽朔春秋謂之視朔視朔者人君入廟視之告者使有司讀祝以言之聽者聽治一月政令所從言之異耳鄭司農云以十二月朔布告天下諸侯者言朔者以十二月厤及政令若月令之書但以受行號之爲朔故春秋傳曰者還是桓十七年傳文春秋之義天子班厤於諸侯日食書日不班厤於諸侯則不書日其不書日者猶天子日官失之不班厤引之證經天子有班告朔之事

閏月詔王居門終月門謂路寢門也鄭司農云月令十二月分在靑陽明堂緫章玄堂左右之位惟閏月無所居居于門故於文王在門謂之閏〔疏〕閏月至終月○釋曰明堂路寢及宗廟皆有五室十二堂四門十二月聽朔於十二堂閏月各於時之門故大史詔告王居路寢門若在明堂告事之時立行祭禮無居坐之處若在路寢堂與門聽事之時各居一月

故立居門終月。○注門謂至之閏。○釋曰：鄭知此經門是路寢門者，按玉藻云：閏月則闔門左扉，立於其中。不云居，又不云終月。此經言居門終月，故知路寢門。先鄭云月令十二月據月令而言。按月令是秦時書，明堂路寢有九室，大室在中央，四角各有二堂隔之，爲个。堂大室正東之堂謂之青陽，正南之堂謂之明堂，正西之堂謂之總章，正北之堂謂之玄堂。云左右之位者，青陽、明堂、總章、玄堂各有左右之位，月令謂之左右个。故月令孟春云青陽左个，仲春居青陽，季春云居青陽右个；孟夏云明堂左个，仲夏居明堂，季夏云居明堂右个；孟秋云居總章左个，仲秋居總章，季秋云居總章右个；孟冬居玄堂左个，仲冬居玄堂，季冬居玄堂右个。月令皆云居，故鄭以大寢解之。是以先鄭引之，證此大寢之禮。云惟閏月無所居，居於門者，以其十二月居十二堂，故云閏月無所居，居於門。云故於文王在門謂之閏者，解閏字之意，以閏月王在門中，故制文字亦王在門中謂之閏也。

大祭祀，與執事卜日。執事，大卜之屬。與之者，當視墨。

〔疏〕注執事至視墨。○釋曰：知執事大卜之屬者，大卜掌卜事，故知執事是大卜。言之屬者，兼有卜師及卜人。知當視墨者，按占人云：君占體，大夫占色，史占墨，卜人占坼。彼言史者，即此大史，故知當視墨。

戒及宿

之日與羣執事讀禮書而協事協合也合謂習録所當共之事
也故書協作叶杜子春云叶協也書亦或爲協
或爲汁○叶音協汁音執又音協劉子集反〔疏〕戒及至協事○
釋曰戒及宿之日者戒謂散齊七日宿謂致齊三日云與羣
執事讀禮書而協事者當此二日之時與羣執事預祭之官
讀禮書而協事恐事有
失錯物有不供故也祭之日執書以次位常謂校呼之
教其所當〔疏〕祭之至位常○釋曰言執書者謂執行祭禮
居之處之書若今儀注以次位常者各居所掌位次
常者此禮一定常
行不改故云常也辨事者考焉不信者誅之謂抵
冒其〔疏〕注謂抵冒其職事○釋曰此謂助祭之人大史掌
職事禮知行事得失所行依注謂之事則與人考焉抵
冒職事許欺不
信者刑誅之大會同朝覲以書協禮事亦先習録
之也〔疏〕大會同朝至禮事○釋曰天子與諸侯不録
及將幣之日執書
以詔王將送也詔王告王以禮事〔疏〕及將至詔王○釋曰將幣之日者則上經所習會同之事至此

得朝覲之時則有三享之禮將送也幣謂璧帛之等故云將幣之日云執書以詔王者王與諸侯行禮之時大史執禮書以告王使不錯誤

大師抱天時與大師同車鄭司農云大出師則大史主抱式以知天時處吉凶史官主知天道故國語曰吾非瞽史焉知天道春秋傳曰楚有雲如衆赤鳥夾日以飛楚子使問諸周大史大史主天道玄謂瞽即大師大師瞽官之長○大音泰注同式劉音勑今俗音如字焉於虔反夾古洽反劉古協反

疏大師至同車○釋曰云大師者大起軍師也云抱天時者大史知天道天時謂天文見時候者史抱此天時與大師瞽人知天道者同在一車之上共察天文故同車也○注鄭司至之長○釋曰先鄭云大出師則大史主抱式以知天時處吉凶者云抱式者據當時占文謂之式以其見時候有法式故謂載天文者爲式知天時處吉凶者候天時知吉凶以告王故云處吉凶國語者按周語單子謂魯成公吾非瞽史焉知天道春秋傳者在哀六年玄謂瞽即大師者此足先鄭之義周語云瞽者即此經大師一也云大師瞽官之長者按春官瞽人之内立其賢者爲大師之官故云瞽官之長

大遷國抱灋以前法司空營國之法也抱之以前當先王至知諸位處○先悉薦

反大喪執灋以涖勸防鄭司農云勸防引六紼遣之日讀誄遣謂祖廟之庭大奠將行時也人之道終於此累其行而讀之大師又帥瞽廞之而作謚瞽史知天道使共其事言王之誄謚成於天道○遣弃戰反下同行下孟反

疏注遣謂至天道○釋曰遣謂大遣奠故以遣謂祖廟之奠云人之道終於此者以其未葬已前孝子不忍異於生仍以生禮事之至葬送形而往迎魂而反則以鬼事之故既葬之後當稱謚故誄生時之行而讀之此經誄即累也云大師又帥瞽廞之而作謚者按大師職凡大喪帥瞽而廞作柩謚云言王之誄謚成於天道者按禮記曾子問惟天子稱天以誄之注云以其無尊焉彼又引公羊傳制謚於南郊瞽史既知天道又於南郊祭天之所稱天以誄之是王之謚成於天道也若然先於南郊制謚乃於遣之日讀之葬後則稱謚

凡喪事攷焉爲有得失小喪賜謚小喪卿大夫也

疏注小喪卿大夫也○釋曰大史雖賜之謚不讀使小史讀之故小史職云卿大夫之喪賜謚讀誄彼注云其讀誄亦以大史賜謚爲節事相成其卿大夫將作謚之時其子請於君君親爲之制謚謚成使大史將往賜之小史至遣之日往爲讀之知義然者見

禮記檀弓云公叔文子卒其子戍請謚於君曰日月有時將
葬矣請所以易其名者君曰昔者夫子脩其班制以與四鄰
交衛國之社稷不辱不亦文乎是其事也明禮亦當然其諸
侯之法按曾子問云賤不誄貴幼不誄長諸侯相誄非禮春
秋之世卑謚於尊不得如禮按曲禮言謚曰類以其象聘問
之禮見天子乃使大史賜之謚小史不讀之以其諸侯自有
史若然此直言小喪賜之
謚則三公諸侯亦在焉
凡射事飾中舍筭執其
禮事
舍讀曰釋鄭司農云中所以盛筭也玄謂設筭於中
以待射時而取之中則釋之即射禮曰君國中射則
皮豎中於郊則閭中於竟則虎中大夫兕中士鹿中
天子之中未聞◎舍音釋盛音成中丁仲反竟音境
〔疏〕凡
射
至禮事◎釋曰言凡射事者則大射賓射燕射之等皆使大
史爲此三事飾中者謂飾治使絜静舍筭者射有三番第一
番三耦射不釋筭第二第三番射乃釋筭執其禮事者大史
主禮者天子諸侯射先行燕禮後乃射其中禮事皆大史掌
之◎注舍讀至未聞◎釋曰先鄭云中所以盛筭也者司農
之意所有射筭皆盛於中故後鄭不從玄謂設筭於中以待
射時而取之中則釋之者按鄉射大射筭皆於中西設八筭
於中內偶升將射大史取中之八筭執之待射中則更設於

中待第二耦射第三耦已下皆然鄉射禮曰已下是鄉射記文云君國中射皮豎中者謂燕禮在寢則以皮豎獸形爲中云於郊則閭中者謂大學之射云於竟則虎中者謂與鄰國君射也云大夫兕中士鹿中者大夫士各一中故大夫以兕獸爲中士以鹿獸爲中云天子之中未聞者經記不言故也

小史掌邦國之志奠繫世辨昭穆若有事則詔王之忌諱鄭司農云志謂記也春秋傳所謂周志國語所謂鄭書之屬是也史官主書故韓宣子聘于魯觀書大史氏繫世謂帝繫世本之屬是也小史主定之瞽矇諷誦之先王死日爲忌名爲諱故書奠爲帝杜子春云帝當爲奠奠讀爲定書帝亦或爲奠玄謂王有事祈祭於其廟○奠音定繫戶計反下同昭如字或作佋音韶

疏小史至忌諱○釋曰小史掌邦國之志者邦國連言據諸侯志者記也諸侯國內所有記錄之事皆掌之云奠繫世者謂定帝繫世本云辨昭穆者帝繫世本之中皆自有昭穆親疏故須辨之云若有事者謂在廟中有祈祭之事云則詔王之忌諱者謂小史告王以先王之忌諱也○注鄭司至其廟○釋曰古者記識物爲志春秋傳所謂周志者皆是左氏傳發之

役晉襄公縛秦囚來駒失戈狼瞫取戈斬囚遂爲車右箕之役先軫黜之而立續簡伯其友曰盍死之瞫曰吾未獲死所其友曰吾與汝爲難瞫曰周志有之勇則害上不登於明堂引之者證志爲記識之義也引韓宣子者按昭公二年左氏傳晉韓起來聘觀書於大史氏見易象與魯春秋引之者證史官掌邦國之志此經小史掌志引大史證之者大史史官之長共其事故也云繫世謂帝繫世本之屬是也者天子謂之帝繫諸侯謂之世本云瞽矇諷誦之者按瞽矇職云掌諷誦詩世奠繫鼓琴瑟是也云先王死日爲忌名爲諱者告王當避此二事**大祭祀讀禮灋史以書叙昭穆之俎簋**讀禮法者大史與羣執事史此小史也言讀定法者小史叙俎簋以爲節故書簋或爲几鄭司農云几讀爲軌書亦或爲簋古文也大祭祀小史主叙其昭穆以其主定繫世祭祀史主叙其昭穆次其俎簋故齊景公疾欲誅於祝史大玄謂俎簋牲與黍稷以書次之校比之○比毗志反（疏）祭至俎簋○釋曰此言叙昭穆之俎簋則非外神耳則大祭祀惟謂祭宗廟三年一祫之時有尸主兼序昭穆俎簋也○注讀禮至比之○釋曰鄭知讀禮法是大史與羣執事者大史職云大祭祀戒及宿之日與羣執事讀禮書而協事彼云禮

書即此禮法也云言讀禮法者小史叙俎簋以爲節者謂大史讀禮法之時小史則叙昭穆及俎簋當依禮法之節按比之使不差錯故俎及簋云爲節也齊景公事在昭二十年左氏傳彼傳云公有疾語晏子曰據與款謂寡人能事鬼神故欲誅於祝史是其事也　大喪大賓客大會同大軍旅佐大史凡國事之用禮灋者掌其小事　疏　大喪至小事○釋曰此數事皆大史掌之小史得佐之　卿大夫之喪賜謚讀誄　其讀誄亦以大史賜謚爲節事相成也　疏　注其讀至相成○釋曰按大史云小喪賜謚注云小喪卿大夫之喪注取此文彼不云讀誄今此云卿大夫之喪賜謚讀誄賜謚是大史之事非小史但小史於大史賜謚之時須誄列生時行跡而讀之故云其讀誄亦以大史賜謚爲節云事相成者謚法依誄爲之故云事相成

馮相氏掌十有二歲十有二月十有二辰十日二十有八星之位辨其叙事以會天位

歲謂太歲歲星與日同次之月斗所建之辰樂說說歲星與日常應大歲月建以見然則今厤大歲非此也歲日月辰星宿之位謂方面所在辨其敘事謂若仲春辯秩東作仲夏辯秩南譌仲秋辯秩西成仲冬辯在朔易會天位者合此歲日月辰星宿五者以爲時事之候若今厤日大歲在某月某日某甲朔日直某也國語曰王合位于三五孝經說曰故勑以天期四時節有晚早趣勉趣時無失天位皆由此術云○馮音憑相息亮反會如字注同見賢遍反下皆同譌五和反直音值

【疏】馮相至天位○釋曰云十有二歲者歲謂太歲左行於地行有十二辰一歲移一辰者也云十有二月者謂斗柄月建一辰十二月而周故云十有二月云十有二辰者謂子丑寅卯之等十有二辰也十日者謂甲乙丙丁之等也云二十八星者東方角亢氐房心尾箕北方斗牛之等爲二十八星也若指星體而言謂之星日月會於其星即名宿亦名辰亦名次亦名房云之位者揔五者皆有位處也云辨其敘事者謂五者皆與人爲候之以爲事業次敘而事得分辨故云辨其序事也云以會天位者五者在天會合而爲候也此謂之五者也○注歲謂至術云○釋曰云歲謂大歲歲星與日同次之月斗所建之辰者此太歲在地與天上歲星相應而行歲星爲陽右行於天一歲移一辰又分前辰爲一

百三十四分而侵一分則一百四十四年跳一辰十二辰帀則揔有千七百二十八年十二跳辰帀以此而計之十二歲一小周謂一年移一辰故也千七百二十八年一大周十二跳帀故也歲左行於地一與歲星跳辰年歲同此則服虔注春秋龍度天門是也以歲星本在東方謂之龍以辰爲天門故以歲日跳度爲龍度天門也云歲星與日同次之月斗所建之辰者以歲星爲陽人之所見大歲爲陰人所不覩既歲星與大歲雖右行左行不同要行度不異故舉歲星以表大歲言歲星與日同次之月一年之中惟於一辰之上爲法若元年甲子朔旦冬至日月五星俱起於牽牛之初是歲星與日同次之月十一月斗建子子有大歲至後年歲星移向子上十二月日月會於玄枵十二月斗建丑丑有大歲自此已後皆然引樂說者證太歲在月建之義也云然則今厤大歲非此也者以今厤太歲歲星北辰大歲無跳辰之義非此經太歲者也云歲日月辰星宿之位謂方面所在者此五物皆依四方四面十二辰而見故云方面所在云謂若仲春辨秩東作已下者按尚書皆作平秩不爲辨秩今皆云辨秩據書傳而言辨其平也注引國語者周語文云王合位于三五者按彼武王伐紂之時歲在鶉火月在天駟日在析木之津辰在斗柄星在天元。引之者證經五者各於其位

冬

夏致日春秋致月以辨四時之敘冬至日在牽牛景丈三尺夏至日在東井景尺五寸此長短之極極則氣至冬無愆陽夏無伏陰春分日在婁秋分日在角而月弦於牽牛東井亦以其景知氣至不春秋冬夏氣皆至則是四時之敘正矣〔疏〕冬夏至之敘○釋曰此經欲知人君政之得失之所致觀日月之景以辨四時之敘若政教得所則四時之景依度若依度則四時之敘得正矣必冬夏致日春秋致月者以日者實也故於長短極時致之也月者闕也故於長短不極時致之也○注冬至至正矣○釋曰鄭知冬至景丈三尺者按易緯通卦驗云冬至日置八神樹八尺之表日中視其影如度者歲美人和晷不如度者歲惡人偽言政令之不平法神讀如引言八引者樹杙於地四維四中引繩以正之故因名之日引立表者先正方面於視日審矣晷進則水晷退則旱進尺二寸則月食退尺二寸則日食注云晷進謂長於度日之行黄道外則晷長晷長者陰勝故水晷短於度者日之行入進黄道內故晷短晷短者陽勝是以旱進尺二寸則月食者月以十二爲數以勢言之宜爲月食退尺二寸則日食者日之數備于十晷進爲盈晷退爲縮冬至晷長丈三尺至云所立八尺之表陰長丈三尺長之極彼雖不言夏至尺五寸景

以冬至影長丈三尺反之致夏惟尺五寸景也是以鄭注考靈耀云日之行冬至之後漸差向北夏至之後漸向南日一差大分六小分四大分六者分一寸爲十分分小分四者分一寸爲十分一寸千里則差六百四十里按大司徒職云日至之景尺有五寸謂之地中從夏至之後差之至冬至得丈三尺景又按天文志春秋分日在婁而晷中立八尺之表而晷景長七尺三寸六分云極則冬無愆陽夏無伏陰者愆陽伏陰者昭四年申豐辭以其德政所致而四時之景合度故陰陽和也云春分日在婁秋分日在角而月弦於牽牛東井亦以其景知氣至不者按通卦驗云夫八卦氣驗常不在望以入月八日不盡八日候諸卦氣注云入月八日不盡八日陰氣得正而平以此而言明致月景亦用此日矣若然春分日在婁其月上弦在東井圓於角下弦於牽牛秋分日在角上弦於牽牛圓於婁下弦東井故鄭并言井弦於牽牛東井不言圓望義可知也此以三月諸星復若不在三月則未到本位大判皆以合昏星體在酉而言以其二月春分婁星昏在酉秋分角星昏亦在酉以是推之皆可知按天文志云月有九行云黑道二出黄道北赤道二出黄道南白道二出黄道西青道二正出黄道東立春春分日東從青道云云然則用之決房中赤青出陽道白黑出陰道月失節度而行出陽道

則旱風出陰道則雨此云九行則通數黃道也進入黃道南別謂之赤道夏時月在黃道南謂之赤道進入黃道北謂之黑道東西自相對春時月行黃道東謂之青道進入黃道西謂之白道秋時月在黃道西謂之白道進入黃道東謂之青道此皆不得其正故曰出陽道則旱風出陰道則雨若在黃道是其正亦如日然故星備云明王在上則日月五星皆乘黃道又云黃帝占日天道有三黃道者日月五星所乘問曰按鄭駮異義云三光考靈耀書云日道出于列宿之外萬有餘里謂五星則差在其內何得與日同乘黃道及問曰日何得在婁角牽牛東井乎荅曰黃道數寬廣雖差在內猶不離黃道或可以上下為外內又按天文志云春秋分日在婁角去極中而晷中立八尺之表而晷景長七尺三寸六分也若然通卦驗云春秋晷長七尺二寸四分者謂晷表有差移故不同也

保章氏掌天星以志星辰日月之變動以觀天下之遷辨其吉凶志古文識識記也星謂五星辰日月所會五星有贏縮圜角日有薄食暈珥月有盈虧朓側匿之變七者右行列舍天下禍福變移所在皆見焉○識音志又音試又如字下同暈

本又作煇亦作運音同朓他了反晦而月見西方匿女力反劉吐則反朔而月見東方曰側匿亦名朒朒女六反〈疏〉保章至吉凶○釋曰上馮相氏掌日月星辰不變依常度者此官掌日月星辰變動與常不同以見吉凶之事○注志古至見焉○釋曰云志古文識識記也者古之文字少志意之志與記識之志同後代自有記識之字不復以志爲識故云志古文識識即記也云星謂五星者按天文志謂東方歲南方熒惑西方大白北方辰中央鎭星云辰日月所會者左氏傳士文伯對晉侯之辭也云五星有贏縮者按天文志云歲星所在其國不可以伐人超舍如前出贏贏爲客客晚出爲縮縮爲主人故人有言曰天下大平五星循度亡有逆行日不蝕朔月不蝕望云圜角者星備云五星更王相休廢其色不同王則光芒相則內實休則光芒無角不動搖廢則少光色順四時其國皆當也又云立春歲星王七十二日其色有白光角芒土王三月十八日其色黃而大休則圜廢則內虛立夏熒惑王七十二日色赤角芒土王六月十八日其色黃而大立秋大白王七十二日光芒無角土王九月十八日其色黃而大立冬辰星王七十二日其色白芒角土王十二月十八日其色黃而大星當王相不芒角其邦大弱强國取地大弱失國亡土也云日有薄蝕暈珥者此則視祲職貝釋

其事也云月有虧盈者此則禮運所云三五而盈三五而闕也云朓側匿之變者按尚書五行傳云晦而月見西方謂之朓朔而月見東方謂之側匿側匿則侯王其肅朓則侯王其舒云七者右行列舍者七謂日月五星皆右行於天留伏順逆以見吉凶故云天下禍福變移所在皆見焉若然經有辰鄭云日月所會直釋辰名不解辰之禍福者但辰與二十八星星隨天左行非所以見吉凶已見馮相氏而此言之者以星辰是相將之物挾句而言故鄭不釋爲禍福之事也

以星土辨九州之地所封封域皆有分星以觀妖祥

星土星所主土也封猶界也鄭司農說星土以春秋周之分野之屬是也玄謂大界則曰九州州中諸國中之封域於星亦有分焉其書亡矣堪輿雖有郡國所入度非古數也今其存可言者十二次之分也星紀吳越也玄枵齊也娵訾衛也降婁魯也大梁趙也實沈晉也鶉首秦也鶉火周也鶉尾楚也壽星鄭也大火宋也析木燕也此分野之妖祥主用客星彗孛之氣爲象○分扶問反注同參所林反娵子須反訾子斯反降戶江反彗以歲反又息遂反孛音佩

疏　以星至妖祥○釋曰此經論北斗及二十八宿所主九州

及諸國封域之妖祥所在之事故云以星土也云辨九州之地者據北斗而言云所封封域者據二十八星而說云皆有分星者揔解九州及諸國也云以觀妖祥者據星見徵應所在以觀妖祥之事也○注星土至爲象○釋曰先鄭所引春秋傳者按昭元年左氏傳鄭子産云辰爲商星參爲晉星又襄九年左氏傳云辰爲商主大火此所引及國語皆據諸國而言故增成其義并釋九州之土也後鄭云大界則曰九州者此解經九州之地按春秋緯文耀鉤云布度定記分州繫象華岐以龍門積石至三危之野雍州屬魁星則大行以東至碣石王屋砥柱兾州屬樞星三河雷澤東至海岱以北兖州靑州屬機星蒙山以東至南江會稽震澤徐揚之州屬權星大别以東至雷澤九江荆州屬衡星荆山西南至岷山北嶇鳥鼠梁州屬開星外方熊耳以至泗水陪尾豫州屬揺星此九州屬北斗星有七州有九但兖靑徐揚并屬二州故七星主九州也周之九州差之義亦可知云州中諸國已下别釋經所封封域古黄帝時堪輿亡故其書亡矣云堪輿雖有郡國所入度非古數者謂後代有作堪輿者非古數雖非古數時有可言者故云今其存可言者十二次之分也者但吴越在南齊魯在東今歲星或北或西不依國地所在者此在之受封之日歲星所在之辰國屬焉故也吴越二國同次者

亦謂同年度受封故同次也云此分野之妖祥主用客星彗孛之氣爲象者按公羊傳昭十七年冬有星孛于大辰孛者何彗星也何休云孛彗者邪亂之氣掃故置新之象左氏申繻曰彗所以除舊布新如是彗孛一也時爲宋衛陳鄭災天文志彗長丈二言用客星者彗非位犇實而入他辰者也

以十有二歲之相觀天下之妖祥歲謂太歲歲星與日同次之月斗所建之辰也歲星爲陽右行於天太歲爲陰左行於地十二歲而小周其妖祥之占甘氏歲星經其遺象也鄭司農云大歲所在歲星所居春秋傳曰越得歲而吳伐之必受其凶之屬是也○相息亮反下同

〔疏〕以十至妖祥○釋曰此經又以太歲以觀妖祥之異耳○注歲謂至是也○釋曰云歲謂大歲者上文已說五星記以文次而推知非歲星故知是在地之太歲也其惟太歲所在以下於上馮相氏釋訖鄭恐人不曉故重言之也先鄭云太歲所在歲星所居者亦欲見推太歲之處云歲星所居亦是歲星與日同次之月也太歲所在亦是斗所建之辰下有大歲也云越得歲而吳伐之必受其凶之屬者按昭三十二年夏吳伐越史墨曰不及四十年越其有吳乎越得歲而吳伐之必受其凶按昭十二年蔡復之歲歲在大梁至昭三十二年正應在析木而越

得歲者按彼服注歲星在星紀吳越之分野禁復之歲歲在大梁距此十九年昭十五年有事於武宮之歲龍度天門龍歲星也天門在戌是歲越過故使今年越得歲龍東方宿天德之貴神其在所之國兵必昌向之以兵則凶吳越同次吳先舉兵故凶也或歲星在越分中故云得歲史墨知不及四十年越有吳者以其歲星十二年一周天存亡之數不過三紀三者天地人之數故歲星三周星紀至玄枵哀二十二年越滅吳至此三十八年鄭君之義則不然故春秋志云五星之期各用數有氣者期遠而禍大無氣者期近而禍小吳越以夏周之孟夏建卯仲夏建辰木用事之時木數三木用事則歲星王當從遠期以三乘十二爲三十六歲星復其所而三十七過其次而歲星去矣故伐越亦後至哀二十二年猶三十八年冬十一月丁亥而越滅吳按越與在哀二十年吳惡未周故不滅也此鄭義與服小異大同也按括地象天不足於西北則西爲天門昭十五年歲星正應在鶉首越一次當在鶉火是以昭三十二年得在星紀若然天門不在戌者但龍度天門正應在五月日體在鶉首與歲星同次日沒於戌歲星亦應沒由度戌至酉上見而不沒故云龍度天門

以五雲之物辨吉凶水旱降豐荒之祲象物色

也視日旁雲氣之色降下也知水旱所下之國鄭司農云以二至二分觀雲色青爲蟲白爲喪赤爲兵荒黑爲水黃爲豐故春秋傳曰凡分至啓閉必書雲物爲備故也故曰凡此五物以詔救政〔疏〕以五至祲象○釋曰物色也此五色之雲以辨吉凶也云水旱降豐荒者水旱降爲荒凶也風雨降爲豐吉也云之祲象者祲謂日旁雲氣以見五色之雲則知吉凶也○注物色至救政○釋曰鄭知視日旁雲氣之色者以其視祲職十者皆視日旁雲氣之色此云祲象故知所視五雲亦視日旁雲氣之色也鄭知水旱所下之國者以其云降明據日旁雲氣則知當十二辰之分野所下之國有豐荒也鄭以二至二分觀雲色者即所引春秋者是云青爲蟲已下蓋據陰陽書得知按僖五年左氏傳云春王正月辛亥朔日南至公既視朔遂登觀臺以望而書禮也凡分至啓閉必書雲物爲備故也注云分春秋分至冬夏至啓立春立夏閉立秋立冬據八節而言也先鄭引下文凡此五物者欲見春秋與此相當故也

以十有二風察天地之和命乖別之妖祥十有二辰皆有風吹其律以知和不其道亡矣春秋襄十八年楚師伐鄭師曠曰吾驟歌北風又歌南風南風不競多死聲楚必無功是時楚師多凍其命乖別審

矣疏以十至妖祥○釋曰此一經欲見十二辰順律氣以知妖祥之事○注十有至審矣○釋曰鄭知十二風是十二辰氣爲風者師曠云歌北風南風皆據十二辰之氣爲風故知風即氣也云吹其律以知和不其道亡者鄭亦按師曠吹律而知此氣亦當吹律也今無吹律之法故云其道亡引襄十八年者是時鄭屬晉不復事楚楚師伐之晉爲盟主欲救之故師曠吹律以觀楚強弱按彼服注北風無射夾鍾以北南風沽洗以南云命乖別審矣者以南風弱即知楚無功是其命乖離別審矣按考異郵曰陽立于五極于九五五九四十五日變以陰合陽故八卦主八風距同各四十五日艮爲條風震爲明庶風巽爲清明風離爲景風坤爲涼風兌爲閶闔風乾爲不周風坎爲廣莫風按通卦驗云冬至廣莫風十二月大寒小寒皆不云風至立春條風至雨水猛風至二驚蟄不見風至春分明庶風至清明雷鳴雨下清明風至玄鳥來穀雨不見風立夏清明風至小滿不見風五月芒種不見風大暑不見風立秋涼風至處暑不見風白露不見風秋分涼風至寒露霜降皆不見風立冬不周風至小雪大雪皆不見風如是無十二風何云十二月皆有風乎按通卦驗云三月六月九月十二月皆不見風惟有八以當八卦八節云十一月者則乾之風漸九月坤之風漸八月艮之風

漸十二月巽之風漸三月故清明節次云清明風立夏復云清明風是清明風主三月復主四月則其餘四維之風主兩月可知雨水猛風與條風俱在正月則猛風非八卦之風亦不如之**凡此五物者以詔救政訪序事**。訪謀也見其象則當豫爲之備以詔王救其政且謀今年天時占相所宜次序其事

（疏）凡此至序事。釋曰此經揔計上五經文云凡此五物者謂從掌天星以下五經並是已見之物有此五事云詔者詔告也告王改脩德政以備之以救止前之惡政云訪序事者謂事未至者預告王訪謀今年天時占相所宜次敘其事使不失所也

内史掌王之八枋之灋以詔王治一曰爵二曰祿三曰廢四曰置五曰殺六曰生七曰予八曰奪大宰既以詔王内史又居中貳之。柄本又作枋兵病反治直吏反下同

（疏）内史至曰奪。釋曰按大宰有誅無殺此有殺無誅者誅與殺相因欲見爲過不止則殺之假令過失已麗於法内之圜土司圜職云掌

收教罷民又云不能改而出圜土者殺之是因過而致殺也八者不與大宰文第同者亦欲見事起無常故不依本也

執國灋及國令之貳以攷政事以逆會計國法六典八法八則（疏）執國法及國令至政事以逆會計○釋曰以內史掌爵祿殺生之事故執國法及國令之貳者國法大宰掌其正國令謂若凡國之政令故亦掌其貳國即句考其政事及會計以知得失善惡而誅賞也○注國法至八則釋曰按大宰則皆訓爲法故知國法中含有六典八法八則也

掌敘事之灋受納訪以詔王聽治敘六敘也納訪納謀於王也六敘六曰以敘聽其情（疏）注敘六至其情釋曰云敘六敘也者按小宰職有六序六序之內云六曰以序聽其情是其聽治之法也

凡命諸侯及孤卿大夫則策命之鄭司農說以春秋傳曰王命內史興父策命晉侯爲侯伯策謂以簡策書王命其文曰王謂叔父敬服王命以綏四國糾逖王慝晉侯三辭從命受策以出○父音甫逖吐歷反慝吐得反（疏）凡命至命之○釋曰周法爵及士餘文更不見命士之法明士亦內史命之不言者以其賤畧之也

○注鄭司至以出○釋曰此事見僖二十八年左氏傳以晉
文公敗楚於城濮王命爲侯伯之長按曲禮云大國曰伯父
州牧曰叔父晉既大國而云叔
父者王以州牧之禮命之故也 凡四方之事書內史
讀之 若今尚書入省事 疏 凡四至讀之○釋曰言四方之事書者諸侯凡事有書奏白於王內史讀
示王○注若今至省事○釋曰漢法奏事讀之故舉以況之也 王制祿則贊爲之以
方出之 贊爲之爲之辭也鄭司農云以方出之以方版書而出之上農夫食九人其次食八人其次食七人
其次食六人下農夫食五人庶人在官者其祿以是爲差諸
侯之下士視上農夫祿足以代其耕也中士倍下士上士倍
中士下大夫倍上士卿四大夫祿君十卿祿杜子春云方直
謂今時牘也玄謂王制曰王之三公視公侯卿視伯大夫視
子男元士視附庸○注贊爲至附庸○釋曰先鄭云上
食音似下同牘音獨 疏 農夫已下皆禮記王制文按彼所
釋凡地有九等按遂人注有夫有婦乃成家自二人以至十
人爲九等則地有上上上中上下中上中中中下下上下中
下下若然上地之中有上上之地食十人上中食九人今言
上農夫食九人不言上上食十人者欲取下士食九人祿與

上中之地食九人同故據上中已下而言也云其次食八人據上下之地云其次食七人者據中上之地云其次食六人者據中中之地云其次食五人者據中下之地又不言下上之地食四人以下者欲見五人以下至五人有四等當庶人在官者有府史胥徒其祿以是爲差故不言四人以下也若然則府食八人史食七人胥食六人徒食五人故云庶人在官者其祿以是爲差也云諸侯之下士視上農夫祿足以代其耕也者欲見從下士以上祿轉多故以此爲本以增之杜子春云方直謂今時牘也者古時名爲方漢時名爲牘故舉以說之玄謂王制曰已下以先鄭不言者故引之以增成其義欲見此經所云據王臣爲本故先鄭後鄭內外兼見

賞賜亦如之（疏）賞賜亦如之○釋曰此謂王以恩惠賞賜臣下之祿亦以方書賛爲之辭掾司勳職凡賞無常輕重視功功多則多功少則少耳

內史掌書王命遂貳之 副寫藏之（疏）內史至貳○釋曰謂王有詔勅頒之事則當副寫一通藏之以待勘校也

外史掌書外令 王令下畿外○下戶嫁反（疏）注王令下畿外○釋曰經典凡言四

方及外者據畿外而言經言外固知王下畿外之命也**掌四方之志**志記也謂若魯之春秋晉之乘楚之檮杌○乘繩正反檮徒刀反杌五忽反

〔疏〕注志記至檮杌○釋曰謂若魯之春秋之等孟子云名春秋者謂四時之書春爲陽之首秋爲陰之先故舉春秋以包四時也云晉謂之乘者春秋爲出軍之法甸方八里出長轂一乘故名春秋爲乘也云楚謂之檮杌者檮杌謂惡獸春秋者直史不避君之善惡事同檮杌故謂春秋爲檮杌也皆是國異故史異名也引之者欲見春秋是記事云與四方之志爲一故也

掌三皇五帝之書楚靈王所謂三墳五典○墳扶云反

〔疏〕注楚靈至五典○釋曰按孝經緯云三皇無文五帝畫象三王肉刑又世本作云蒼頡造文字蒼頡黃帝之史則文字起於黃帝今此云五帝之書爲可而云三皇之書者三皇雖無文以有文字之後仰錄三皇時事故云掌三皇之書也按昭十二年楚靈王謂左史倚相能讀三墳五典八索九丘彼三墳三皇時書五典五帝之常典八索二王之法九丘九州亡國之戒下有延叔堅馬季常等所說不同惟孔安國尚書序解三墳五典與鄭同以無正文故所解有異

掌達書名于四方謂若堯典禹貢達此名使

知之或曰古曰名今曰字使四方知書之文字得能讀之是書之篇名聘禮記云百名以上書之於策不滿百名書之於方其文字之書名俱是書名此經宜云書名未知何者之書名故鄭兩解之云古曰名今曰字古者之文字少直曰名後代文字多則曰字字者滋也滋益而名故更稱曰字正其名字使四方知而讀之也

〔疏〕注謂若至讀之○釋曰尚書有堯典舜典禹貢之等

若以書使于四方則書其令 書王令以授使者○使所吏反注同

附釋音周禮注疏卷第二十六

東鄉盧氏宣旬校定

知南昌府張敦仁署鄱陽縣候補知州周澍栞

周禮注疏卷二十六挍勘記　　阮元撰盧宣旬摘錄

附釋音周禮注疏卷第二十六

喪祝

防謂執披備傾戲　釋文傾戲音虧按賈疏引注作傾虧

作六箽之執披　浦鏜云之下脫士

下文及朝御匶是也　閩毛本同監本匶作柩

將殯於曲沃　閩監毛本同余本嘉靖本於作于

以御正柩也　毛本同閩監本正誤王下節疏同

未通其記　浦鏜云記當説字誤

發凡則是關異代　閩監毛本則誤例關誤闕○按此等最見十行本之善

圭一人既祖釁徹 補案圭下一字誤衍

後言乃載車向外於文到 閩本同監毛本到改倒

以巫祝桃茢執戈 諸本同段玉裁云此及下二茢字當本同上作厲如繼人注改翣爲蔞之類釋文音上桃厲云記作茢正謂與此注不同也

蓋擗其上而柴其下 閩監毛本柴改棧非此注作棧公羊傳作柴柴亦棧也

掌勝至祠 補祠下當有焉字

何祝

禱氣埶之十百而多獲 余本岳本同此本及嘉靖本埶訛執今訂正閩監毛本改爲勢

云書亦或爲貉者 閩本同監毛本貉改禡○按禡是也注故作禡疏云毛詩爾雅皆爲此字可證毛本或誤爲

若時征伐　閩監本同誤也余本嘉靖本毛本時作將當據正

今侏大字也　禮說云揚雄國三老箴曰負乘覆餗姦寇侜張侜張猶張大也大元曰修侏侏比于侏儒侏侏長大見言雖長大與侏儒等○按說文無此字當是侜之異體

直以禽祭之　此本及閩本誤者以禽獸之今從監毛本訂正

上經舍奠於祖廟謂出田　補鏜云時誤田

塗置瓶中　閩本同監毛本瓶誤甄○按毛直誤作甄無此字依醢人注古本則作甀甀說文作缶小口罌也俗本多改爲瓶字

云今誅大字也者　閩監本同誤也當從毛本作侏大

詛祝

加書于其上也　余本嘉靖本閩本同監毛本于作於是也

鄭司農云載辭以春秋傳曰 監毛本載誤戴按云當作說

司巫

魯僖公欲焚巫尪 余本尪作尫載音義同

舞師謂野人能舞者 按謂當譌字之誤

當按視所施爲 閩監毛本同余本嘉靖本按作案

蒩讀爲鉏 漢讀考作鉏讀爲蒩云經文作鉏杜子春易爲蒩訓爲藉也今本以注改經復以經改注不可通矣

或爲租飽 嘉靖本監毛本同余本閩本租作蒩當據正禮說云飽古文包字天文訓曰酉者飽也任包大也說文包象裹妊故曰任包然則蒩飽者謂以茅包䔄祭而藏之也

元吉之者 閩監本同誤也余本嘉靖本毛本作互言當訂正

升設於几東席上　浦鏜云升下脫入

凡祭事守瘞　唐石經諸本同毛本事誤祀

是以鄭云有祭事然　按注作若有事然

云祭祀畢即去之者　按祀當作禮

就巫下禓　毛本禓作裼疏中同釋文亦作禓

男巫

以其授號文故二者之下　浦鏜云承誤故

故知此六神皆授之號之　惠挍本無下之

無方無筭　唐石經余本嘉靖本閩本同監毛本筭改算非注及疏及下同○按唐石經宋槧多作筭少作算者

杜子春讀弭如彌兵之彌元謂弭讀爲敉　漢讀考云如當作爲讀爲應作

當爲

女巫

凡邦至而誧　閩監毛本至下多歌哭二字

則大烖謂旱暵者　浦鏜云者當也訛

注有歌靈也　補案歌下當有至字

大史

日官居卿以底日　余本嘉靖本閩監毛本同誤也釋文作厎日音旨當據正此本疏中引作底非

故云建六典處六卿之職以解之上　浦鏜云以當在六卿

凡辨灋者攷焉　諸本同唐石經辨作辯誤下辨事者攷焉同

考按讀其然不　毛本同余本岳本嘉靖本按作案可通閩監本不作否非浦鏜云讀疑衍字按浦鏜

誤蓋因疏語有考按其然否之文而誤會耳辟瀶者開法讀之也

正月立春節啟蟄中二月雨水節閩本同監毛本啟蟄　麻啟蟄在雨水前不得以後世法改之

氣有十五日此本及閩本誤十三日今據監毛本訂正

天子頒朔于諸侯余本閩監毛本同誤也嘉靖本頒作班　賈疏引注同凡經文作頒注中多作班○按此亦段玉裁云經用古字注用今字之一證

而日斂之監本作帀日當據正

猶天子自官失之浦鏜云猶當作由

詔王居門終月說文王部閏字下云告朔之禮天子居宗廟　閏月居門中从王在門中周禮曰閏月王居門中終月引周禮多中字

故月令孟春云青陽左个 云當居字之誤下孟夏同閩本云下剜擠居字監毛本遂排入此引月令十二月原文皆有居然云

仲春居青陽 閩本居上補刻云字下仲夏仲秋孟冬仲冬季冬同

季春云居青陽右个 此云字當衍下季夏孟秋季秋同

卜人占坼 監本坼誤拆

讀禮書而協事 閩本同唐石經余本嘉靖本監毛本協作恊疏中準此嘉靖本注中作恊

或爲汁 余本閩本毛本同嘉靖本監本汁作叶按釋文作爲汁

謂校呼之 毛本校作挍六經正誤云校當作挍考挍之挍從手欄校之校從木

所行依注謂之事 浦鏜云依注當儀注訛

則大史主抱式 釋文抱式劉音勑今俗音如字史記龜策傳援式而起徐廣曰式音勑漢讀考云漢

書王莽傳顏氏家訓式作栻按漢制考引藝文志有羨門式法困學紀聞云史記日者傳旋式正棊唐六典太卜令三式曰雷公太一六壬其局以楓木爲天棗心爲地式皆如字蓋因以木爲之故字又作栻

小史

辨昭穆　唐石經諸本同釋文昭穆或作佋音韶按小宗伯辨廟祧之昭穆葉鈔釋文作之佋音常遙反周禮古文經常並作佋因注中作昭遂據以改經也○按此當是古文假借字佋即說文卩部之卲字也凡從卩字有書作巳者

帝繫世本之中皆自有昭穆親疏　閩監毛本中改上非此本皆字剜擠閩監毛本遂排入

來駒失戈　浦鏜云萊誤來

史以書敘昭穆之俎簋　漢讀考云簋當作軌

讀禮法者大史與羣執事　余本脫讀禮二字

史此小史也　惠挍本作此史

言讀禮法者　余本禮作定葢礼之訛

故書簋或爲几鄭司農云几讀爲軌　漢讀考云當作故書軌或爲九鄭司農云九讀爲軌

書亦或爲簋古文也　漢讀考云或爲下當有軌字句絕簋古文也四字句絕謂此軌字乃簋之古文不徑易九爲軌者簋秦時小篆必從周人作軌也

事相成也　閩監毛本同余本岳本嘉靖本無也按賈疏標起訖云注其讀至相成又疏中引注亦無也字當删正

馮相氏

辯其敘事以會天位　唐石經余本嘉靖本同閩監毛本辯作辨注及下同監毛本此敘誤㪅注同

辯秩南譌　葉鈔釋文作南僞余本載音義同此本及閩監本僞字皆剜改蓋本作僞

故以歲日跳度爲龍度天門也　浦鏜云日當星字誤

日月五星俱赴於牽牛之初　閩本同監毛本於改干浦鏜云起誤赴

云歲日月辰星宿之位　閩監毛本作星辰與注乖○按毛本辰星不誤

星在天元　浦鏜云黿誤元

法神讀如引　浦鏜云注誤法因形相近也閩監毛本因改瀆其可笑有如此者

至云所立八尺之表陰長丈三尺　浦鏜云注誤至景誤陰

以冬至影長丈三尺反之　按影當作景上下皆作景

分一寸爲十分分　按下分字不當重

分一寸爲十分　浦鏜云一分誤一寸

故鄭幷言井弦於牽牛 閩監本同毛本井作幷皆月字之訛

日東從青道云云 浦鏜云月誤日

出陰道則雨 惠挍本雨上有陰

何得與日同乘黃道 閩監毛本得誤謂

及問曰 浦鏜云又誤及

保章氏

五星有贏縮圜角 余本贏作嬴

月有盈虧朓側匿之變 閩監毛本同此本及閩監本朓誤朓從目今訂正監本疏中亦誤余本嘉靖本盈虧作虧盈此誤倒賈疏引注亦作虧盈

嬴爲客客 補案客字誤重

華岐以龍門積石補案以下當有西字

則大行以東至碣石王屋砥柱閩本同有則字砥誤蚳監毛本刪則

按昭十二年浦鏜云三誤二

其在所之國兵必昌浦鏜云所在字誤倒

有氣者期遠而禍大閩本同監毛本遠誤近

天不足於西此閩監本同毛本西此作西北不誤

南風沽洗以南閩監毛本沽改姑非

五九四十五且變惠挍本作五九四十五日一變風此誤并日一作且又脫風

至二驚蟄不見風毛本二下有月字

亦不如之惠挍本作亦可知之按上云則其餘四維之風主兩月可知故此云亦可知也

訪序事　唐石經諸本同按序當作敘

則當豫爲之備　余本嘉靖本同閩監毛本豫改預

且謀今年天時占相所宜　閩監毛本同余本嘉靖本年作歲此本年字誤今訂正

內史

掌王之八枋之灋　唐石經諸本同釋文作八柄云本又作枋按大宰作八柄

執國法及國令至政事以逆會計　閩本同監毛本删作執國至會計

按小宰職有六序　閩監毛本序改敘下二序字同

糾遡王慝　葉鈔釋文作王匿○按此恐匿譌慝是

外史

固知王下畿外之命也　按固蓋因之誤

孟子又 按又爲文之譌

其文字之書名 浦鏜云其當是之譌

此經宜云書名 閩監本同毛本宜作直是也

周禮注疏卷二十六校勘記終

南昌袁秦開挍

附釋音周禮注疏卷第二十七

鄭氏注　賈公彥疏

御史掌邦國都鄙及萬民之治令以贊冢宰王所以治之令冢宰掌王治○治直吏反注及下凡治同〔疏〕御史至冢宰○釋曰天官冢宰六典治邦國八則治都鄙及畿內萬民之治今此御史亦掌之以贊佐故同其事凡治者受灋令焉為書寫其治之法令來受則授之〔疏〕凡治至令焉○釋曰言凡語廣謂外內官所有治職者皆御史書王之法令授與受者故言凡以該之也掌贊書王有命當以書致之則贊為辭若今尚書作詔文〔疏〕注王有至詔文○釋曰謂若今出詔勑之書是王有命須下於外其詔勑書則御史贊王為此書故云掌贊也凡數從政者自公卿以下至胥徒凡數及其見在空缺者鄭司農讀言掌贊書數書數者經禮三百曲禮三千法度皆在王以為不辭故改之云○數所主反見賢遍反〔疏〕凡數從政者○釋曰自公卿已下至胥徒在王朝者

皆是凡數又是從政之人故云凡數從政者也先鄭所云以掌贊書數爲句讀之玄以爲不辭故鄭後云者掌贊書數書數既爲三百三千有何可贊也且書數得爲三百三千下別言從政者有何義意乎故後鄭以爲不辭而改之也

巾車掌公車之政令辨其用與其旗物而等叙之以治其出入公猶官也用謂祀賓之屬旗物大常以下等叙之以封同姓異姓之次叙

〔疏〕巾車至出入○釋曰云公車之政令者以下辨其用及等叙出入皆是政令故先言其摠也出入謂若下文凡車之出入則會之冬官造車訖來入巾車又當出封同姓之等亦是也○注公猶至次序○釋曰云公猶官也者謂若言公似據三公及諸侯若言官則王家皆是故從官也云用謂祀賓之屬者其中仍有朝及田戎之等故言之屬以摠之云大常以下仍有大旂大赤大白大麾之等故云以下云等叙之以封同姓異姓之次叙者周人先同姓次異姓後云四衛蕃國以下故云次序也

王之五路一曰玉路錫樊纓十有再就建大常十有二斿以祀王在焉曰路玉路以玉飾諸末錫馬面當

盧刻金爲之所謂鏤錫也樊讀如鞶帶之鞶謂今馬大帶也
鄭司農云纓謂當胷士喪禮下篇曰馬纓三就禮家説曰纓
當胷以削革爲之三就三重三匝也玄謂纓今馬鞅王路之
樊及纓皆以五采罽飾之十二就就成也大常九旗之畫日
月者正幅爲緣斿則屬焉○錫音陽樊步干反下同斿音留
鞶步干反重直龍反罽居例反緣所御反又所廉反屬音燭

〖疏〗王之至以祀○釋曰云王之五路此言與下爲揔目一
曰已下析别言之云以祀者以下諸路皆非祭祀之事
則一名外内大小祭祀皆用此一路而已○注王在至屬焉
釋曰言王在焉曰路者謂若路門路寢路車路馬皆稱路故
廣言之云王在焉曰路路大也王之所在故以大爲名諸侯
亦然左氏義以爲行於道路故以路名之若然門寢之等豈
亦行於路乎云玉路以玉飾諸末者路凡言玉路金路象路者
皆是以玉金象爲飾不可以玉金爲路故知玉金等飾之言
諸末者凡車上之材於末頭皆飾之故云諸末也云錫馬面
當盧刻金爲之者眉上曰錫故知當額盧按韓奕詩鉤膺鏤
錫金稱鏤故知刻金爲之故鄭引詩云所謂鏤錫也彼詩毛
傳亦云金鏤其錫鄭箋云眉上曰錫刻金飾之云樊讀如鞶
帶之鞶者按易訟卦上九云或錫之鞶帶注云鞶帶佩鞶之
帶但易之鞶謂鞶囊即内則云男鞶革是也此鞶謂馬大帶

音字同故讀從之是以鄭即云馬大帶也先鄭云纓謂當胷引士喪禮下篇馬纓以削草爲之賈馬亦云鞶纓馬飾在膺前十有二帀以毛牛尾金塗十二重後鄭皆不從之者以鞶爲馬大帶明纓是夾馬頸故以今馬鞅解之也後鄭云玉路之樊及纓皆以五采罽飾之者按爾雅釋言云氂罽也郭氏云毛氂所以爲罽如是罽染毛爲之鄭必知罽飾之者蓋以今時所見擬之必知用五采者按典瑞云鎮圭繅五采五就則知王者就飾用五采惟有外傳小采以朝月者用三采耳繅藉五采即云五就則一采一帀爲一就此中樊纓十二就之屬就數雖多亦一采一帀爲一就如玉藻十二就然大常九旗之畫日月者按司常云日月爲常是也云正幅爲縿者爾雅文知旂則屬焉者爾雅云纁帛縿練旒九縿旒用物不同旒又有數明知別屬可知也

金路鉤樊纓九就建大旂以賓同姓以封

金路以金飾諸末鉤婁頷之鉤也金路無錫有鉤亦以金爲之其樊及纓以五采罽飾之而九成大旂九旗之畫交龍者以賓以會賓客同姓以封謂王子母弟率以功德出封雖爲侯伯其畫服猶如上公若魯衛之屬其無功德各以親疏食采畿內而已故書鉤爲拘杜子春讀爲鉤○旂其依反賓如字劉沈方刃反頷戶感反率

音律反音類〔疏〕金路至以封○釋曰上五路云一曰此已下皆不云二曰三曰之等者若據王而言玉路言一曰則金路已下二曰三曰之等可知若據諸侯言之從此等金路已下所受得各自為上故此已下畧不言二曰三曰之等也云同姓以封者周人先同姓故得金路賜異姓已下則用象路之等同姓雖尊仍不得玉路玉路以祭祀故不可分賜○注金路至為鉤○釋曰云金路以金飾諸末者亦如玉路所飾也云鉤婁頷之鉤也者詩云鉤膺鏤鍚鉤遰言膺明鉤在膺前以今驗古明鉤是馬婁頷也云金路無鍚有鉤者以玉路金路二者相參知之何者玉路云鍚金路云鉤明知金路有鉤無鍚上得兼下言之則玉路直言鍚兼有鉤可知云亦以金為之者鍚用金明鉤亦用金為飾也云九成者亦如上一采罽為一成凡九就九成也云大旂九旗之畫交龍者司常職文云以賓以會賓客者按齊右會同賓客前齊車故知以賓是以會賓客至於載主者亦同焉故曾子問云天子巡守以遷廟主行載於齊車注云齊車金路若王弔亦乘金路是以士喪禮注云君弔蓋乘象路謂得金路之賜者弔時降一等乘象路明知王有玉路弔時降一等乘金路可知云同姓以封謂王子母弟率以功德出封雖為侯伯其畫服猶如上公若魯衛之屬者周之法二王之後稱公王之同姓例稱

侯伯而已若魯衛稱侯鄭稱伯故兼云雖爲侯伯也卿畫服如上公者典命云上公九命車旗衣服以九爲節是上公九命服袞冕又云侯伯七命車旗衣服以七爲節則服鷩冕爲異姓侯伯若魯衛鄭雖爲侯伯則服袞受五百里之封是以明堂位魯侯服袞冕是雖爲侯伯服如上公也言此者欲見二王後上公雖是異姓庶姓乘金路今同姓王子母弟以衣服與上公同明乘金路亦同矣云其無功德各以親疏食采畿內而已者天工不可私非其才其無功德不可輒授之以職禮運云天子有田以處其子孫故封之於畿內而已是以司裘云諸侯則共熊侯豹侯是王子母弟封於畿內者也言親疏食采者按載師職家邑任稍地小都任縣地大都任疆地其中非直有公卿大夫食采若親王母弟則與公同食大都百里稍疏者與卿同食小都五十里更疏者與大夫同食二十五里耳故云各以親疏食采畿內而已

象路朱樊纓七就建大赤以朝異姓以封

象路以象飾諸末象路無鉤以朱飾勒而已其樊及纓以五采罽飾之而七成大赤九旗之通帛以朝以日視朝異姓王甥舅○朝直遙反注皆同

【疏】注象路至甥舅○釋曰象路以象飾諸末者此所飾亦如玉金矣但用象爲異此云象路無鉤以朱飾勒

而已者經不云鉤明無鉤經直云先。鄭知以朱飾勒者見下
文革路云龍勒明知此朱同爲飾勒也云大赤九旗之通帛
者司常職文以日視朝者謂於路門外常朝之處乘之此雖
據常朝而言至於三朝皆乘之按司常云道車建旞鄭注云
道車象路也王以朝夕燕出入乘此象路則建旞若在朝廷
大赤也其車則同也云異姓王甥舅者謂先王及今王有舅
甥之親若陳國杞國則別
於庶姓故乘象路之車也

革路龍勒條纓五就建大白以即戎以封四衛革路鞔之以革而漆之無他飾龍駹也以白黑飾韋雜色
爲勒條讀爲絛其樊及纓以絛絲飾之而五成不言樊字蓋
脫爾以此言絛知玉路金路象路飾樊纓皆不用金玉象矣
大白殷之旗猶周大赤蓋象正色也即戎謂兵事四衛四方
諸侯守衛者蠻服以內。龍如字駹音尨條作絛他刀反鞔
莫干反〔疏〕注革路至以內。釋曰云革路鞔之以革而漆之
無他飾者自玉路金路象路四者皆以革鞔則冬
官云飾車欲侈者也但象路以上更有玉金象爲飾謂之他
物則得玉金象之名此革路亦用革鞔以無他物飾則名爲
革路也鄭知駹是白黑飾韋雜色爲勒者以續人云白與黑
謂之黼黑白相形之物且下有駹車邊側有黑漆爲駹此革

路既素又有大白之旗故以白黑駹爲雜也云以此言絛知玉路金路象路飾樊纓皆不用金玉象矣者上玉路樊纓十有二就馬氏以爲旄牛尾金塗十二重有此嫌故微破之也云大白殷之旗猶周大赤蓋象正色也者明堂位云殷之大白周之大赤相對而言故云猶周大赤周以十一月爲正物萌色赤殷以十二月爲正物牙色白是象正色無正文故云蓋云即戎謂兵事也者司服兵事韋弁服車服相配俱是即戎故云謂兵事也趙商問巾車職云建大白以即戎注云謂兵事司馬職仲秋辨旗物以治兵王載大常下注云凡班旗物以出軍之旗則如秋不知巾車大白以即戎爲在何時答曰殷之正色者或會事或勞師不親將故建先王之正色異於親自將又按司馬法云章夏以日月上明殷以虎上威周以龍上文不用大常者周雖以日月爲常以龍爲章故郊特牲云龍章而設日月又按周本紀武王遂入至紂之死所王射之三發而后下車以輕劒斬紂頭懸於大白之旗不用大常者時未有周禮故武王雖親將猶用大白也云四衛四方諸侯守衛者蠻服以內者此四衛非謂在衛服者以其諸侯非同姓與王無親親即是庶姓在四方六服已內衛守王大司馬以要服爲蠻服故云蠻服以內也

木路前樊鵠纓建大麾以田以

封蕃國

木路不鞔以革漆之而已前讀爲緇翦之翦翦淺黑也木路無龍勒以淺黑飾韋爲樊鵠色飾韋爲纓不言就數飾與革路同大麾不在九旗中以正色言之則黑夏后氏所建田四時田獵蕃國謂九州之外夷服鎮服蕃服杜子春云鵠或爲結○前作翦子踐反鵠戶篤反〔疏〕注木路至爲結○釋曰鄭知木路不鞔以革者以其言木則木上無革可知必知有漆者以其喪車尚有漆者況吉之乘車有漆可知云前讀爲緇翦之翦者讀從既夕文也彼爲加茵用疏布緇翦有幅亦縮二横三鄭云翦淺也此前亦取淺義故讀從之知木路無龍勒者以經不云勒明降於革路無龍勒可知云大麾不在九旗中者上大白亦不在九旗之中而不言者九旗之中雖無大白仍有雜帛爲物兼在殷正色故此特言之云以正色言之則黑夏后氏所建者此亦以正色言之上文大赤據周大白據殷則此大麾當夏之正色黑故言夏后氏所建也按明堂位有虞氏之旂夏后氏之綏鄭注云有虞氏當言緌夏氏當言旂若然則夏后氏有旂無緌今此大麾則緌而爲夏后氏所建者彼以前代質後代文差之則緌當有虞氏旂當夏后氏但旌旂皆上有緌夏之旂去旒旐而用之即是緌故以正色推之當夏也云田四時田獵者趙商問巾車職曰建大麾以田注云田四時田獵商按

大司馬職曰四時皆建大常今又云建大麾以田何荅曰麾夏之正色雖習戰春夏尚生其時宜入兵夏本不以兵得天下故建其正色以春田秋冬出兵之時乃建大常故雜問志云四時治兵王自出禮記天子殺則下大綏司馬職王建大常足相參正云蕃國謂九州之外夷服鎮服蕃服者按司馬職要服已內爲九州其外更有三服夷鎮蕃揔而言之皆號蕃國是以此文及大行人謂之蕃國也杜子春云鵠或爲結者按馬氏云前樊結纓謂冉重樊纓在前有結在後往往結草以爲堅且飾飾良以爲樊纓皆有采就則前與鵠亦可以爲飾而賈氏謂前纓有結其義非今子春爲結後鄭引之在下得通一義故也凡五等諸侯所得路者在國祭祀及朝天子皆乘之但朝天子之時乘至天子館則舍之於館是以覲禮記云偏駕不入王門謂舍之於客館乘墨車龍旂以朝鄭云在旁與已同曰偏若兩諸侯自相朝亦應乘之若齊弔及朝并朝夕燕出入可降一等若在軍皆乘廣車若以田以鄙則乘木路也若五等諸侯親迎皆乘所賜路以其士親迎攝盛乘大夫車則大夫已上尊則尊矣不可更攝盛轉乘在上之車當乘所賜車與祭祀同則王乘玉路可也若然同姓金路無錫韓侯受賜得有鏤錫者正禮雖不得後有功特賜有之也若如鄭注同姓雖爲侯伯畫服如上公得乘金路若爲

子男似不得當與異姓同乘象路也異姓象路則降上公以
其上公雖庶姓亦乘金路其異姓侯伯子男皆乘象路也言
四衛革路者亦謂庶姓侯伯子男蕃國木路者夷
狄惟有子男同木路也無問祀賓已下皆乘之

王后之五路重翟鍚面朱總厭翟勒面繢總安車彫面鷖總皆有容蓋

重翟重翟雉之羽也厭翟次其羽
使相迫也勒面謂以如玉龍勒之
韋爲當面飾也彫者畫之不龍其韋安車坐乘車凡婦人車
皆坐乘故書朱總爲繩鷖或作緊鄭司農云鍚馬面鍚繩當
爲總書亦或爲總鷖讀爲鳧鷖之鷖鷖總者青黑色以繒爲
之總著馬勒直兩耳與兩鑣容謂幨車山東謂之裳幃或曰
幢容玄謂朱總繢總其施之如鷖總車衡輨亦宜有焉繢畫
文也蓋如今小車蓋也皆有容有蓋則重翟厭翟謂蔽也重
翟后從王祭祀所乘厭翟后從王賓饗諸侯所乘安車無蔽
后朝見於王所乘謂去飾也詩國風碩人曰翟蔽以朝謂諸
侯夫人始來乘翟蔽之車以朝見於君盛之也此翟蔽蓋厭
翟也然則王后始來乘重翟乎○重直龍反注同總作動反
厭於涉反注同繢戶對反鷖烏兮反劉烏計反乘繩證反下
皆坐乘同或如字繩緘云檢字林蒼雅及說文皆無此字衆

家亦不見有音者惟昌宗音廢以形聲會意求之實所未了當是廢而不用乎非其音也李兵廢反本或作緫恐是意改也鷖音烏兮反著直略反鏕表驕反幨昌廉反潼本亦作潼詩注作童皆音同輤劉音管一音胡瞎反蔽劉音弗下及注並同一音必世反見賢遍反下同去起呂反下去弋去毛同

疏　王后至容蓋○釋曰言王后之五路亦是揔目之言也凡言翟者皆謂翟鳥之羽以為兩旁之蔽言重翟者皆二重為之厭翟者謂相次以厭其本下有翟車者又不厭其本也凡言揔者謂以揔為車馬之飾若婦人之揔亦既繫其本又垂為飾故皆謂之總也按下翟車尊於安車而進安車在上者以其翟車有幄無蓋安車重翟同無幄而有容蓋故進安車與重厭之車同在上也○注重翟至翟乎○釋曰云勒面謂以如王龍勒之韋為當面飾也者按上龍勒不言面此勒言面則所施之處不同則上言勒者馬之鑾飾皆是不在面此言勒面則在面矣用物則同故鄭引龍勒以釋此也云安車坐乘車凡婦人車皆坐乘者按曲禮上云婦人不立乘是婦人坐乘男子立乘曲禮上大夫七十而致事若不得謝則必賜之几杖乘安車則男子坐乘亦謂之安車也若然則王后五路皆是坐乘獨此得安車之名者以餘者有重翟厭翟翟車輦車之名可稱此無異物之稱故獨得安車之

名也云翳讀爲鳧鷖之鷖者從毛詩鳧鷖之篇名鷖者取鳥之鷖色青黑爲義如以繒爲之總著馬勒直兩耳與兩鑣者先鄭蓋見當時以況古也云容謂幨車山東謂之裳幃或曰潼容者按昏禮云婦車亦如之有裧注云裧車裳幃周禮謂之容又衞詩云漸車帷裳毛氏亦云童容是容潼容與幨及裳幃爲一物也玄謂朱總繢總其施之如鷖總車衡輨亦宜有焉者後鄭取先鄭總著馬勒直兩耳與兩鑣爲本其於車之衡輨亦宜有焉以其皆是革飾之事故兼施於車也云蓋如今小車蓋也者此舉漢法小車有蓋以況周凡蓋所以表尊亦所以禦雨故三者皆有之也云皆有容有蓋則重翟厭翟謂蔽也者按馬氏等云重翟爲蓋今之羽蓋是也爲有此嫌故微破之若重翟厭翟是蓋何須下文云皆有容蓋乎是以後鄭約下王之喪車五乘皆有蔽明后之車言翟者亦謂蔽也云重翟后從王祭祀所乘者此約王之五路則重翟當王○路后無外事惟祭先王先公羣小祀皆乘此重翟也云厭翟后從王賓饗諸侯所乘者按內宰職云賓客之祼獻瑤爵皆贊注云謂王同姓及二王之後王祼賓客亞王而禮賓獻謂王饗燕亞王獻賓也此時后則乘厭翟故云從王賓饗諸侯也不言祼者文畧耳云安車無蔽后朝見於王所乘謂去飾也者以其安車不言翟明無蔽以其朝王質故去飾也引

詩國風碩人曰翟蔽以朝謂諸侯夫人始來乘翟蔽之車以朝見於君盛之也此翟蔽蓋厭翟也者彼是衛侯之夫人當乘厭翟則上公夫人亦厭翟以其王姬下嫁於諸侯車服不繫於其夫下王后一等不得乘重翟則上公與侯伯夫人皆乘厭翟可知若子男夫人可以乘翟車至於祭祀及嫁皆乘之云然則王后始來乘重翟乎者王姬下嫁下后一等及諸侯夫人皆乘厭翟則王后自然始來乘重翟可知若然王之三夫人與三公夫人同乘翟車九嬪與孤妻同乘夏篆二十七世婦與卿妻同乘夏縵女御與大夫妻同乘墨車士之妻攝盛亦乘墨車非嫁攝盛則乘棧車也諸侯已下夫人祭祀賓饗出桑朝君差之皆可知也若然諸侯夫人亦當有安車以朝君也

翟車貝面組總有握

翟車不重不厭以翟飾車之側爾貝面貝飾勒之當面也有握則此無蓋矣如今輧車是也后所乘以出桑○握劉音屋干馬皆作幄烏學反沈云劉音非輧薄經反

疏翟車至有握○釋曰上言朱總繢總鷖總彼皆以繒爲之今此言組總則以組條爲之總亦施於勒及兩耳兩鑣并車衡輨焉○注翟車至出桑○釋曰翟車不重不厭明以翟飾車之側可知云貝面貝飾勒之當面也者貝水物謂餘泉餘蚳之貝文以飾勒之當面者也云有握則此無蓋

矣者但蓋所以禦雨無幃乃施之今旣有幃故知無蓋矣云如今軿車是也者漢法軿車無蓋故舉以況之云后所乘以出桑者按月令三月薦鞠衣於先帝又后妃親桑於東郊二者后皆乘此翟車以其告先帝非祀親桑又非大事故知乘翟車也。

輦車組輓有翣羽蓋

輦車不言飾后居宮中從容所乘但漆之而已爲輇輪人輓之以行有翣所以禦風塵以羽作小蓋爲翳日也故書翣爲駐杜子春云當爲翣書亦或爲髭。輦本作連音輦組音祖輓音晚翣所甲反從七容反輇市專反翳烏帝反駐髭並音獵駐或音毛

疏 注輦車至爲髭。釋曰輦車不言飾者以其不言翟又不言面飾之等是不言飾也此無所供事直是后居宮中從容所乘車也知漆之者凡右之車器之等皆漆之明此亦有漆也知爲輇輪者按禮記云載以輲車輲車載柩之車則遂官蜃車人輓之以行此輦車組輓亦是人輓行者按雜記注引許氏說文解字曰有輻曰輪無輻曰輇則人輓行者皆是無輻曰輇按上雜記注有輇崇蓋半乘車之輪乘車高六尺六寸則此當三尺三寸云有翣所以禦風塵者翣即扇也扇所以爲障蔽亦所以禦風塵也云以羽作小蓋爲翳日也者翣既禦風塵明羽蓋所以翳日可知也

王之喪車五乘

木車蒲蔽犬㮨尾櫜疏飾小服皆疏木車不漆者鄭司農云蒲蔽謂藩。蘭車以蒲爲蔽天子喪服之車漢儀亦然玄謂蔽犬㮨以犬皮爲覆笭故書疏爲揟杜子春讀揟爲沙玄謂蔽車旁禦風塵者犬白犬皮既以皮爲覆笭又以其尾爲戈戟之弢麤布飾二物之側爲之緣若攝服云服讀爲箙小箙刀劒短兵之衣此始遭喪所乘爲君之道尚微備姦臣也書曰以虎賁百人逆子釗亦爲備焉。乘繩證反㮨莫歷反櫜沈音羔劉姑道反贏魯火反劉又音果笭力丁反劉又音泠揟本又作偦同思如反弢吐刀反緣悅絹反下同箙音服賁音奔釗古堯反又音昭

疏 注木車至備焉。釋曰云木車不漆者喪中無飾後至禫乃漆之此明木車及下素車等皆木漆也若然上王之木路鄭注云不革鞔漆之而已彼亦稱木而有漆者彼此各有所對上文木路對革路有革又有漆則木路漆之而已據吉時言耳此木路對禫始有漆明此木路不漆飾指木體而言也先鄭云謂藩蘭車者此舉漢時有藩長蘭乘不善之車故舉以說之也云犬㮨以犬皮爲覆笭者古者男子立乘須馮軾軾上須皮覆之故云犬㮨子春讀揟爲沙於義無所取故不從也玄謂蔽車旁禦風塵者上文重翟厭翟之等爲蔽皆是禦風塵故知此蔽亦是禦風塵

也云犬白犬皮者以喪無飾明用犬之白者是以士喪記主人乘惡車白狗幦是也云既以皮爲覆笭又以其尾爲戈戟之弢者以經云犬褀尾櫜明褀與櫜共用犬櫜則弢也云麤布飾二物之側爲之緣者按喪服齊衰已下皆稱疏禮之通例凡言疏布者皆據大功布而言若然此則以八升布爲二物之緣也云若攝服者按既夕記云貳車白狗攝服注云攝猶緣也狗皮緣服差飾引之者證其二物爲緣之事也小箙刀劍短兵之衣者此小箙即既夕記云主人乘惡車白狗幦蒲蔽犬服鄭彼注云笭間兵服以犬皮爲之是也云此始遭喪所乘者此喪車五乘貴賤皆同乘之是以士喪禮主人乘惡車鄭注引雜記曰端衰喪車皆無等然則此惡車王喪之木車也是其尊卑同也云爲君之道尚微備姦臣也者按士喪有大服則此小服亦是其常今言爲君之道尚微備姦臣者此言非爲小兵服以戈戟人君乃有之然則備姦臣爲尾櫜戈戟而言也引書曰者顧命文彼以成王崩子釗康王也康王常在尸所以爲適子故使康王出鄉門外以虎賁百人賁以大子之禮迎之别於庶子必用虎賁備姦臣引之者證人君有戈戟亦是備姦臣○**素車棼蔽**

大褀素飾小服皆素素車以白土堊車也棼讀爲薠薠麻以爲蔽其褀服以素繒爲

緣此卒哭所乘爲君之道益著在車可以去戈戟○勞扶云反翠烏路反又烏洛反蘋扶文反〔疏〕注素車至戈戟○釋曰鄭知素車以白土堊者以上有木車下有漆車中有駹藻素三者非漆非木皆以所飾爲名明素是白土飾之也爾雅釋宮云地謂之黝牆謂之堊堊謂以白土爲飾則此素車亦白土爲飾可知云勞讀爲蘋蘋麻者勞字非所以飾物之名故破勞爲蘋義取用麻爲蔽之意云其禮服以素繒爲緣者禮之通例素有二種其義有色飾者以素爲白土義有以繒爲飾者即以素爲繒故鄭釋二素以白繒別釋之也云此卒哭所乘者按士虞禮卒哭大夫說經帶于廟門外婦人說首經不說帶是卒哭變服變服即易車按喪服大功章注云凡天子諸侯卿大夫既虞士卒哭而受服此鄭云卒哭據士而言也云爲君之道益著者在車可以去戈戟者以經不云尾櫜明去戈戟故爲此解也○

藻車藻蔽故書藻作繅杜子春繅讀爲華。藻之藻直謂華藻也玄謂藻水草蒼色以蒼土堊車以蒼繒爲蔽也

鹿淺複革飾鹿淺複以鹿夏皮爲覆笭又以所治去毛者緣之此旣練所乘○繅音摠又音藻李一音倉僧反〔疏〕注故書至所乘○釋曰後鄭云藻水草者就足子春藻爲華藻也鄭爲蒼色者上文素車爲白色下文駹車邊側有漆差

之此當蒼色且藻之水草見爲蒼文色也云鹿淺複以鹿夏皮爲覆笭者夏時鹿毛新生爲淺毛故鄭云鹿夏皮爲覆笭也云又以所治去毛者緣之者以經云革飾皮去毛曰革故以去毛言之云此既練所乘者王喪十三月練是變除之飾故知此此即既練所乘也○

駹車雚蔽然複髤飾故書駹作龍髤爲軟杜子春云龍讀爲駹軟讀爲桼垸之桼直謂髤桼也玄謂駹車邊側有漆飾也雚細葦席也以爲蔽者漆則成藩即吉也然果然也髤赤多黑少之色韋也此大祥所乘○雚音丸髤香求反軟音次桼音七垸胡翫反【疏】注故書至所乘○釋曰故書駹作龍上文龍勒後鄭以破龍爲白黑之色故此注從子春爲駹髤爲軟於義無所取故不從子春以軟爲漆亦不從也後鄭知駹爲邊側之飾者以下文漆車全有漆則此時未全爲漆故知駹是邊側少有漆也云漆則成藩者下文藩蔽者因此舊蔽而漆之則藩者以此爲本故云漆則成藩也云然果然也者果然獸名是以賈氏亦云然獸名也云髤赤多黑少之色韋也知色如此者按下注雀黑多赤少故知此髤是赤多黑少者也云此大祥所乘者以二十五月大祥除服之飾故知此車是大祥所乘也

漆車藩蔽豻複雀飾漆車黑車也藩今時小車

藩漆席以爲之○犴胡犬雀黑多赤少之色韋也此禪所乘○犴五旦反禪直感反○〔疏〕注漆車至所乘○釋曰知漆是黑者凡漆不言色者皆黑且大夫所乘墨車及篆縵之飾直得黑名是凡車皆黑漆也鄭知漆席以爲之者以其席即上文雀上注云漆即成藩是也云犴胡犬者謂胡地之野犬或作狐字者謂狐與犬合所生之犬也云雀黑多赤少之色韋也者鄭以目驗雀頭黑多赤少雀即緅也此禪所乘者以二十七月釋禪之節素縞麻衣而服禪服朝服綅冠故知當禪所乘也按下文大夫乘墨車士乘棧車皆吉時所乘之車既言天子至士喪車五乘尊卑等則大夫士禪亦得乘漆車所以大夫士禪即乘漆車與吉同者禮窮則同也

服車五乘孤乘夏篆。卿乘夏縵大夫乘墨車士乘棧車庶人乘役車服車服事者之車故書夏篆爲夏緣鄭司農云夏赤也緣綠色或曰夏篆篆讀爲圭瑑之瑑夏篆轂有約也玄謂夏篆五采畫轂約也夏縵亦五采畫無瑑爾墨車不畫也棧車不革輓而漆之役車方箱可載任器以共役○篆音瑑直轉反縵莫干反棧才產反又仕板反約如字又於兒反下同箱息羊反〔疏〕注服至共役○釋曰云服車服事者之車者其孤卿以下皆是輔佐之臣服事於上故以服事之車解之也先鄭云夏赤也緣綠色後鄭不從者夏翟是采五采備乃爲夏而以夏爲赤而從古書篆爲色於義不可故後鄭解之以夏爲五采也云或曰夏篆篆讀爲圭瑑之瑑者以篆爲轂約後鄭從之云夏縵亦五采畫無瑑爾者言縵者亦如縵帛無文章故云無瑑也以其篆爲轂約則言縵者無約也云墨車不畫也者言墨漆革車而已故知不畫也棧車不革輓而漆之者此則冬官棧車欲弇恐有坼壞是不革輓者也此已上尋常所乘若親迎則士有攝盛故士昏禮主人乘墨車婦車亦如之有裧爲異耳王后别見車五乘此卿孤已下不見婦人車者婦人與夫同故昏禮云婦車亦如之但大夫以上尊則尊矣親迎不假攝盛轉乘上車也知士車有漆飾者按唐傳云古之帝王必有命民於其君得命然後得乘飾車騈馬衣文騈錦注云飾漆之騈併也是其事云役車方箱可載任器以共役者庶人以力役爲事故名車爲役車知方箱者按冬官乘車田車横廣前後短大車柏車羊車皆方故知庶人役車亦方箱是以唐傳云庶人木車單馬衣布帛此役車亦名棧車以其同無革輓故也是以何草不黄詩云有棧之車行彼周道

凡良車散車不在等者其用

注云棧車役車是也

無常給遊燕及恩惠之賜不在等者謂若今輜車後戶之屬作之有功有沽○散素旱反輜側其反沽音古○

疏凡良至無常○釋曰云凡者以其衆多故也此良車散車二者皆不在於服車五乘之等列作之有精麤故有良散之名○注給遊至有沽○釋曰云給遊燕及恩惠之賜者君臣遊燕歡樂或有賜言及恩惠之賜雖非遊燕君於臣有恩好而惠及之者亦有賜此釋經其用無常云不在等者謂若今輜車後戶之屬者漢時輜車與古者從軍所載輜重財貨之車皆車後開戶故舉以說之云作之有功有沽者釋經良車散車精作爲功則曰良麤作爲沽則曰散也

凡車之出入歲終則會之計其完敗多少

疏凡車至會之○釋曰車之出謂出給官用車之入謂用罷歸官於當時錄爲簿帳至歲終則揔會計完敗多少以入計會也○

凡賜闕之完敗不計

疏注完敗不計○釋曰以其賜人以後完敗隨彼受賜之人在官不復須知故闕之不計會

毀折入齎于職幣計所傷敗入其直杜子春云齎讀爲資資謂財也乘官車毀折者入財以償繕治之直○齎音咨償時讓反

疏注計所至之直○釋曰謂乘官車者毀損有折壞其車不堪乘用者或全輸價

直入宮或計所損處酬其價直入宮皆入其資貨即貨物也以此貨物入於職幣職幣主受給官物所用之餘此之財物亦授之職幣既得此物還與冬官繕治之故鄭云以償繕治之直也**大喪飾遣車遂廞之行之**廞興也謂陳駕之行之使人以次舉之以如墓也遣車一曰鸞車○遣弃戰反注同〔疏〕大喪至行之○釋曰大喪謂王喪遣車謂將葬遣送之車入壙者也言飾者還以金象革飾之如生存之車但麤小爲之耳○注廞興至鸞車○釋曰後鄭訓廞爲興即言謂陳駕之者解廞爲陳駕也按下車僕云大喪廞革車彼廞謂作之此文既言飾遣車已是作更言遂廞之故以陳駕解廞也云行之使人以次舉之以如墓也者按檀弓云諸侯大牢苞七个遣車七乘大夫亦大牢苞五个遣車五乘鄭注云諸侯不以命數喪數畧天子當大牢苞九个遣車九乘此時當在朝廟之時於始祖廟陳器之明旦大遣奠之後則使人以次抗舉人各執其一以如墓也云遣車一曰鸞車者按冢人云及葬言鸞車象人是名遣車爲鸞車以其遣車亦有鸞鈴故也**及葬執蓋從車持旌**從車隨柩路持蓋與旌者王平生時車建旌雨則有蓋今蜃車無蓋執而隨之象生時有也所執者銘旌○從才用反注同〔疏〕

及葬至持旌○釋曰及葬者謂至葬時將向壙云執蓋從車者謂此巾車之官執蓋以隨柩車之後云持旌者亦使巾車之官執持銘旌此在柩車之前而文在下者以執蓋是巾車在因言持旌耳非謂持旌亦從車也以車銘旌表柩象殯時在柩前是以既夕禮云祝取銘置于茵注云以重不藏故於此移銘加於茵上若然茵既行時在柩車前明銘旌亦與茵同在柩車前可知也○注從車至銘旌○釋曰云從車隨柩路者鄭欲以經車爲蜃車柩路解之云今蜃車無蓋執而隨之象生時有也者蓋所以表尊亦執而隨之所以禦雨今蜃車既設帷荒不得設蓋是以執而隨柩車雖無用但象生時有車也云所執者銘旌旌者將葬之旌士有二旌大夫已上皆有三旌知者以既夕禮是士禮而有乘車所建旃是攝盛故用孤卿所建通帛之旃也又有銘旌以其士無遣車故無廞旌也大夫以上有乘車所建旌卿已上尊矣無攝盛以尋常所建旌王則大常孤卿建旃大夫亦應攝盛用旃是一也又有廞旌又有銘旌也○

及墓嘑啓關陳車

關墓門也車貳車也士喪禮下篇曰車至道左北面立東上○

〔疏〕注關墓至東上○釋曰鄭知車是貳車者以其遣車在明器之中按既夕陳明器在道東西面此不言明器而別陳東是貳車可知天子貳車象生時當十二

乘也士喪禮下篇曰者是既夕禮也而言士喪禮下篇者以其士喪禮論初死并在殯之事既夕禮論葬時事既夕之下同有一記記士喪及既夕不備之事捴爲一記故鄭以既夕連士喪而言下篇也此所引者引記彼云車至道左北面立東上者士無貳車惟據乘車道車槀車三乘此王禮亦有此三乘車於後别有貳車十二乘若然則此車非止貳車而已鄭直云貳車者舉其士喪禮不見者而言耳

小喪共匶路與其飾柩路載柩車也飾棺飾也（疏）注柩路至飾也。釋曰言小喪者上言大喪據王不别言后與世子則此小喪中可以兼之鄭云柩路載柩車也者即蜃車也云飾棺飾也者即帷荒柳翣池紐之屬皆是棺之飾

歲時更續共其幣車。故書更續爲受讀杜子春云受當爲更讀當爲續更續更受新共其弊車歸其故弊車也玄謂俱受新耳更易其舊續續其不任用共其弊車巾車既更續之取其弊車共於車人材或有中用之。弊婢世反任音壬注同（疏）注故書至用之。釋曰言歲時更續者謂一歲四時皆有受官車更謂車雖未破日月已久舊壞者更易以新者續謂雖未經久其有破壞不中用者復以新車續之云共其弊車者此言爲二者而設以其既易續以新車其本或舊

或壞皆是弊車巾車受取以共冬官車人耳子春以爲更續謂更受新若然則更續共爲一事不當經旨故後鄭不從也云共其弊車歸其故弊車者此言亦不從也後鄭以爲俱受新者謂更與續二者於彼用車之人俱受其新車也云更易其舊者釋更也云續續其不任用者別釋續也云共於車人者此巾車不專主車人所造大車柏車而已兼主輪人輿人所造乘車兵車而云共車人者則車人謂造車之人兼輪人輿人等造車人也

大祭祀鳴鈴以應雞人雞人主呼旦鳴鈴以和之聲且警衆必使鳴鈴者車有和鸞相應和之象故書鈴或作軨○杜子春云當爲鈴○和胡卧反下應和同警音景軨音零劉音領〔疏〕注雞人至爲鈴○釋曰云雞人主呼旦雞人職文按韓詩云升車則馬動馬動則鸞鳴鸞鳴則和應是車有和鸞相應之象故鳴鈴以應雞人

典路掌王及后之五路辨其名物與其用說用謂將有朝祀之事而駕之鄭司農云說謂舍車也春秋傳曰雞鳴而駕日中而說用謂所宜用○說書銳反注及下駕說并注同朝直遥反下同〔疏〕典路至用說○釋曰上巾車已主王后之五路今此又掌之者以其冬官造得車訖

以授巾車飾以玉金象之等其王及后所乘者又入典路別掌之。注用謂至宜用。釋曰此經雖不言所用之處典路所掌還依巾車朝祀所用故鄭依巾車而言也先鄭所引春秋者在左氏傳宣十二年楚與晉戰於邲之事云用謂所宜用者還是朝祀之等也

若有大祭祀則出路贊駕說

出路王當乘之贊駕說贊僕與趣馬也。趣倉口反〔疏〕注出路至馬也。釋曰按上巾車玉路以祀此云若有大祭祀則出路鄭云王當乘之惟出王路也按下文大喪大賓客亦如之注云亦出路當陳之不言王乘之者以此惟云大祭祀則出路據王所乘之亦當陳之爲華國下注曰當陳之謂陳之以華國亦有當乘之法但大賓客王乘金路也其大喪則無乘吉時路故注爲陳之而說也知贊僕與趣馬者夏官大馭戎僕齊僕之等及趣馬之官主駕說故知所贊駕說者贊僕與趣馬也

大喪大賓客亦如之

亦出路當陳之鄭司農說以書顧命曰成王崩康王旣陳先王寶器又曰大路在賓階面贅路在阼階面先路在左塾之前次路在右塾之前漢朝上計律陳屬車於庭故曰大喪大賓客亦如之。贅章銳反又作綴張衛反塾音孰上時掌反屬音燭〔疏〕注亦出至如之釋曰先鄭引顧

命云康王旣陳先王寶器者按彼上文云陳寶及列玉五重大訓之等乃陳車乘故云旣陳先王寶器云又曰大路在賓階面注云大路玉路云贅路在阼階面注云贅次次在玉路後謂王路之貳也云先路在左塾之前注云先路象路門側之堂謂之塾謂在路門内之西北面與玉路相對也云次路在右塾之前注云象路之貳與玉路之乙相對在門内之東北面云漢朝上計律陳屬車於庭者漢朝集使上計律法謂上計會之法禮記射義注亦謂之計然大祭祀亦陳車乘但古典無陳列之事故不引之也

凡會同軍旅弔于四方以路從王出於事無常王乘一路典路以其餘路從行亦以華國○從才用反注及下注同

疏注王出至華國○釋曰鄭云王出於事無常王乘一路典路以其餘路從行者按經會同軍旅及弔有三事則是衣裳之會及弔王乘金路兵車之會及軍旅王乘革路是王出於事無常也王雖乘一路典路以其餘路皆從惟玉路祭祀之車尊不出其餘皆出以華國也

車僕掌戎路之萃廣車之萃闕車之萃苹車之萃輕車之萃萃猶副也此五者皆兵車所謂五戎也戎路王在軍所乘也廣車橫陳之車也

闕車所用補闕之車也苹猶屏也所用對敵自蔽隱之車也輕車所所用馳敵致師之車也春秋傳曰公喪戎路又曰其君之戎分爲二廣則諸侯戎路廣車也又曰帥斿闕四十乘孫子八陳有苹車之陳又曰馳車千乘五者之制及苹數未盡聞也書曰武王戎車三百兩故書苹作平杜子春云苹車當爲軿車其字當爲苹書亦或爲苹○苹七內反下及注同廣古曠反注同苹薄輕反又薄田反輕遣政反注同陳直刃反下同屏并領反又薄經反喪息浪反十乘繩證反下千乘乘車同軿薄經反

〔疏〕注苹猶至爲苹○釋曰云此五者皆兵車者以其廣闕之等皆在軍所用故知皆兵車云所謂五戎也者凡言所謂者謂他成文檢諸文不見更有五兵車爲五戎之文惟有月令季秋云以習五戎鄭彼注以五戎爲弓矢殳矛戈戟不爲五兵車解之則未知鄭所謂五戎者所謂何文或可鄭解彼五戎或爲此五兵解之以五戎之事無正文故鄭兩解之也云戎路王在軍所乘也者此言戎路則巾車所云革路即戎路故知戎路是王在軍所乘也若然此車僕惟掌五戎之萃其五戎之正不言所掌者巾車雖掌正戎之一其下四戎之正亦巾車掌之矣其廣車闕車苹輕四者所解無正文皆鄭據字以意釋之也云春秋傳者是莊九年齊魯戰於乾時我師敗績公喪戎路傳乘而歸又曰下是

宣十二年楚與晉戰於邲楚子爲乘廣三十乘分爲左右右廣雞鳴而駕日中而說左則受之日入而說楚子使潘黨率游闕四十乘從唐侯爲左拒欒武子曰楚其君之戎分爲二廣是也云則諸侯戎路廣車也者以時楚雖僭號其兵車仍號爲廣故知餘諸侯兵車爲之避天子不得以戎路也云又曰帥遊闕四十乘者即是潘黨所帥者也云孫子八陳有苹車之陳者是孫子兵法有此言也云又曰馳車千乘者亦是兵書之言引之以證廣闕苹輕爲兵車之義也云五者之制及苹數未盡聞也者言未盡聞則亦有聞者其游闕四十乘及馳車千乘并戎車三百兩等略得少聞之其餘未聞故云未盡聞也書曰者是牧誓武王伐紂戰於牧野之事也

凡師共革車各以其萃五戎者共其一以爲王優尊者所乘也而萃各從其元焉

疏注五戎至元焉○釋曰知戎惟共其一者按巾車王所乘惟革路而已即此上文戎路是也是王惟乘一路耳今此經不云革路摠云共革車則革車之言所含者多五戎皆是則王雖乘一路四路皆從是優尊所乘也云而萃各從其元者元即五戎車之下皆云之萃明萃皆從其元可知

會同亦如之會巡守及兵車之會則王乘戎路乘車之會王雖乘金路猶共以從不失備也

疏 注巡守至備也○釋曰鄭知巡守及兵車之會王乘戎路者以戎僕云掌馭戎車凡巡守及兵車之會亦如之云乘車之會王雖乘金路猶共以從不失備也者上經凡師摠云共革車此文亦云共明無閒巡守乘車之會皆從以不失備故也

大喪廞革車 言興革車則遣車不徒戎路廣闕苹輕皆有焉 疏 注言與至有焉○釋曰經不云戎路而云革車亦是五戎之摠名故知不徒戎路廣闕苹輕皆有可知若然王喪遣車九乘除此五乘之外加以金玉象木四者則九乘矣

大射共三乏 鄭司農云乏讀爲匱乏之乏 疏 注鄭司至之乏○釋曰乏之一名容則射人云三獲三容是也以其爲革車用皮其乏亦用皮故因使爲之若然直云大射共乏之至於賓射燕射之等則亦使共乏之矣舉大射尊者而言先鄭讀乏之爲匱乏之乏者以其矢於侯匱乏之不去故讀從之

司常掌九旗之物名各有屬以待國事日月爲常交龍爲旂通帛爲旜雜帛爲物熊虎爲旗鳥隼爲旟龜蛇爲旐全羽爲旞析羽爲旌 物名

者所畫異物則異名也屬謂徽識也大傳謂之徽號今城門僕射所被及亭長著絳衣皆其舊象通帛謂大赤從周正色無飾雜帛者以帛素飾其側白殷之正色全羽析羽皆五采繫之於旞旌之上所謂注旄於干首也凡九旗之帛皆用絳○旞之然反隼息允反旟音餘旐音兆旞音遂識式志反又音志又昌志反下同被皮反又皮寄反著丁畧反又直畧反

【疏】注物名至用絳○釋曰鄭云所畫異物則異名也者按九旗之中有旃物旌旞之等不畫異物而鄭所摠云畫異物者鄭據名者而摠言之非謂九旗皆畫異物也云屬謂徽識也者謂在朝在軍所用小旌故以屬言之鄭引大傳者欲見此屬與大傳徽識爲一物則詩所云織文鳥章亦一物引今漢法欲見古有此物遺及漢時也云通帛謂大赤者市車及明堂位皆明大赤也云從周正色無飾者以周建子物萌色赤今旌旂通體盡用絳之赤帛是用周之正色無他物之飾也云雜帛者以帛素飾其側者白殷之正色者殷以建丑爲正物牙色白今用帛素飾其側者明以先王正道佐職故兼用白雜之也云全羽析羽皆五采繫之於旞旌之上者按序官夏采注云夏采夏翟羽色禹貢徐州貢夏翟之羽有虞氏以爲緌後世或無故染鳥羽象而用之謂之夏采若然冬官鍾氏染鳥羽是周法染鳥羽爲五色故鄭云皆五采

羽繫之於旞旌之上云所謂注旄於干首也者言所謂者謂爾雅之文也若然則此旞旌非直有羽亦有旄故鄭引爾雅注旄以證旞旌明其兩有是以干旄詩云孑孑干旄孑孑干旌鄭彼注云周禮孤卿建旃大夫建物首皆注旄焉明干首旄羽皆有之此雖據旞旌旄羽並有至於大常已下首皆有旄羽故衛之臣子雖旃物而有旄羽則大常已下皆有明矣故夏采云乘車建綏復於四郊注綏以旄牛尾爲之綴於橦上王祀四郊乘玉路建大常今以之復去其旒異之於生是其旌首皆有旄之驗也云九旗之帛皆用絳者以周尚赤故爾雅云纁帛縿也按全羽析羽直有羽而無帛而鄭云九旗之帛者據衆有者而言或解以爲旞旌之下亦有旄旒而用絳帛也其旄之下旒似不用絳故爾雅云緇廣充幅長尋曰旐繼旐曰旆詩云白旆央央旆即左氏定四年傳云分康叔以少帛綪茷旆旌是旌旆色異也爾雅別云素錦綢杠素陞龍練旒九彼施於喪葬之旂也

及國之大閱贊司馬頒旗物王建大常諸侯建旂孤卿建旜大夫士建物師都建旗州里建旟縣鄙建旐道車載旞斿車

仲冬教大閱司馬主其禮自王以下治民者旗畫成

載旞 物之象王畫日月象天明也諸侯畫交龍一象其升朝一象其下復也孤卿不畫言奉王之政教而已大夫士雜帛言以先王正道佐職也師都六鄉六遂大夫也謂之師都都民所聚也畫熊虎者鄉遂出軍賦象其守猛莫敢犯也州里縣鄙鄉遂之官互約言之鳥隼象其勇捷也龜蛇象其扞難辟害也道車象路也王以朝夕燕出入存車木路也王以田以鄙全羽析羽五色象其文德也大閱王乘戎路建大常焉王路金路不出○閱音悅朝直遙【疏】及國至載旞○釋反下朝各就同難乃旦反辟音避○曰按大司馬仲春教振旅仲夏教茇舍仲秋教治兵仲冬教大閱大閱謂仲冬無事大簡閱軍禮司常主旗物故贊司馬頒物也此九旗發首雖總爲大閱而言其道車載旞游車載旌非爲軍事也○注仲冬至不出○釋曰按大司馬云土冋聑軍法故云司馬主其禮也云自王以下治民者旗畫成物之象者謂自王以下至諸侯并鄉遂之官是也云王畫日月象天明也者聖人與日月齊其明故旌旗畫日月象之按桓二年臧哀伯云三辰旂旗昭其明也三辰日月星則此大常之畫日月者也此直言日月不言星者此舉日月其實兼有星也云諸侯畫交龍一象升朝一象下復也者以衣服不言交龍直云衮龍則

衣服直有升龍無降龍以其天子之衣無日月星直有龍龍有升龍降龍則諸侯不得與天子同故直有升龍也至於天子旌旂有日月星辰故諸侯旌旂無日月星故龍有升降也象升朝天子象下復還國也云孤卿不畫者謂不畫異物帛而已云言奉王之政教而已者以其直有時王政教故云奉王之政教而已云大夫士雜帛者謂中央赤旁邊白白是先王殷之正色而在旁故云以先王正道佐職也云師都六鄉六遂大夫也謂之師都都民之所聚也者以師衆也都聚也主鄉遂民衆所聚故謂之師都都也六鄉大夫皆卿六遂大夫皆大夫也鄉合建旟○大夫合建物今總建旟以其領衆在軍爲將故同建熊虎之旗故鄉云畫熊虎者鄉遂出軍賦象其守猛莫敢犯也云州里縣鄙鄉遂之官者州是鄉之官里與縣鄙是遂之官故總言鄉遂之官云互約言之者遂之里是下士得與鄉之州中大夫同建旟則知鄉之閭亦得與遂之○縣同建旐也遂之鄙得與縣同建旐鄉之黨亦得與州同建旟○可知是互也言約者鄉之族上從黨同建旟比上從閭同建旐也遂之○酇上從鄙同建旐鄰上從里同建旟是約也但族師已下并都○鄙已下皆是士官雖與在上大夫同建其刃數則短當三刃已下云鳥隼象其勇捷也者熊虎龜蛇皆二物相對則此鳥隼亦別物若然則鄭以勇解隼故王制云鳩

化鷹然後鷙羅設是隼勇也以捷解鳥鳥亦謂捷疾者也云龜蛇象其扞難避害也者龜有甲能扞難蛇無甲見人退之是避害也云道車象路也者按巾車云象路建大赤以朝朝所以行道也故謂象路爲道車是以士冠記及郊特牲皆云牟追夏后氏之道章甫殷道委貌周道是與在朝服乘者皆從道故知道車是象路但在朝則建大赤今以朝夕燕出入則建旞也鄭知游車是木路者巾車云木車以田是游樂之所闔人掌囿游之獸禁是知游車是木路也但正田獵所建大麾今以小小田獵及巡行縣鄙則建旌爲異耳云全羽析羽五色象其文德也者此羽是鍾氏所染鳥羽象翟羽而用故知皆五色以象文德也云大閱王乘戎路建大常焉王路金路不出者鄭據此文大閱之時王乘戎路金玉之路不出其祀帝於郊及乘車之會金路玉路皆出也

皆畫其象焉官府各象其事州里各象其名家各象其號

事名號者徽識所以題別衆臣樹之於位朝各就焉覲禮曰公侯伯子男皆就其旂而立此其類也或謂之事或謂之名或謂之號異外內也三者旌旗之細也士喪禮曰爲銘各以其物亡則以緇長半幅赬末長終幅廣三寸書名於末此蓋其制也徽識之書則云某某之

事某某之名某某之號今大閱禮象而爲之兵凶事若有死事者亦當以相別也杜子春云畫當爲書玄謂書畫雲氣也異於在國軍事之飾○別彼列反下相別同亡音無

疏

皆畫至其號○釋曰上云旌旗之大此言旌旗之細者也云皆畫其象焉與下爲目此則官府已下三象是也○注事名至之飾○釋曰鄭云事名號者徽識者大傳云殊徽號昭公二十一年宋廚人濮曰揚徽者公徒也是名徽也詩六月云織文鳥章箋云識徽識是名識也今鄭合而言之故云徽識也云所以題別衆臣者此經雖爲軍事而言而云題別衆臣者亦據在朝位而言也故鄭即言樹之於位朝者各就焉而引覲禮爲證也按覲禮秋覲在廟諸侯前期皆受舍於朝玄王廟外上介樹君之旂於位明日公侯伯子男入各就其旂而立即此經象故云此其類云或謂之事或謂之名或謂之號異外内也者官府在朝是内其州里在百里二百里家在三百四百里五百里並是外也云三者旌旗之細也者對上大常已下爲旌旗之大者也云士喪禮曰爲銘各以其物者謂爲銘旌各以生時物王則大常已下爲之云亡則以緇長半幅者謂不命之士生時無旌旗者故云亡也以緇緇長半幅長一尺也云赬末長終幅廣三寸者以赤繒爲之長二尺廣三寸云書名於末者書死者名於廣三寸之上云此蓋

其制也者此在朝表朝位其銘旌制亦如此按禮緯云天子之旌高九刃諸侯七刃大夫五刃士三刃按士喪禮竹杠長三尺則死者以尺易刃天子九尺諸侯七尺大夫五尺士三尺其旌身亦以尺易刃也若然在朝及在軍綴之於身亦如此故云蓋其制也云徽識之書則云某某之事者官府天官在軍當云大宰之下某甲之事地官之下當云大司徒之下某甲之事餘四官之下皆然云某某之名者此據州里而言假令六鄉之下則言某鄉之下某甲之名若六遂之下當云某遂之下某甲之名也云某某之號者此據都家之內假令三百里大夫家之下當云某家之下某甲之號此三者則偏其幟肉矣云今大閱禮象而爲之者此在軍之旌綴於身大小象銘旌及在朝者爲之云兵凶事者隱公傳云兵凶器戰危事亦是凶事也杜子春破畫爲書後鄭不從還從畫雲氣者按鄉射記云凡畫者丹質則射侯之等皆有畫雲氣之法明此經所云畫者畫雲氣也云異於在國帝事之飾者覲禮及銘旌皆不云畫以其在國質故也惟在軍畫之故云軍事之飾文也

凡祭祀各建其旗王祭祀之車則玉路

疏注王祭至玉路〇釋曰鄭云王祭祀之車則玉路者偏據王而言云◆乘玉路則建大常經云各建其旗則諸侯已下所得路各有旗按上文諸侯建

旗大行人云建常九斿雖言常皆是交龍爲旂散文通故名旂爲常孤卿則旜大夫則物故言各建其旗也

會同賓客亦如之置旌門賓客朝覲宗遇王乘金路巡守兵車之會王乘戎路皆建其大常掌舍職日爲帷宮設旌門

疏注賓客至旌門○釋曰鄭知賓客朝覲宗遇王乘金路者見齊僕云掌馭金路以賓又齊右亦云會同賓客前齊車齊車即金路朝覲宗遇卽會同故總以金路解之也知巡守兵車之會王乘戎路者以其同是軍事故知亦皆乘戎路也知皆建其大常者此大閱禮王建大常卽知巡守兵車之會皆建大常也云掌舍職曰爲帷宮設旌門者彼注云謂王行晝○止則樹旌以爲門彼官樹之此官供旌

大喪共銘旌銘旌王則大常也士喪禮曰爲銘各以其物

建廞車之旌及葬亦如之葬云建之則行廞車解說之○說吐活反

疏建廞至如之○釋曰此謂在廟陳時建之謂以廞旌建於遣車之上及葬亦如之此謂入壙亦建之○注葬云至說之○釋曰鄭云葬云建之則行廞車解說之者此釋經及葬亦如之在廟陳時云建葬時亦建則惟有在道去之使人各執遣車又當各執廞旌是行廞車解說之也

凡

軍事建旌旗及致民置旗弊之始置旗以致民民至仆之誅後至者○弊婢世反劉又薄計反仆薄北反一音赴〔疏〕凡軍至弊之○釋曰云凡軍事建旌旗者當大司馬欲致衆之時司常建之此言為及致而設○注始置至至者○釋曰云始置旗以致民者解經及致民置旗也又云民至仆之誅後至者釋經弊之**甸亦如之**〔疏〕甸亦如之○釋曰上云軍事謂出軍征戰今此云甸謂四時田獵言亦如之者亦如上建旌及致與弊之也**凡射共獲旌**獲旌獲者所持旌○甸音田獲如字李一音胡霸反〔疏〕凡射共獲旌○釋曰言凡射者則大射賓射及燕射皆共之○注獲旌至持旌○釋曰謂若大射服不氏唱獲所持之旌三侯皆有獲旌也**歲時共更旌**取舊予新〔疏〕歲時共更旌○釋曰謂受官旌旗用之者歲之四時來換易則司常取彼之舊與此之新也

都宗人掌都宗祀之禮凡都祭祀致福于國都或有山川及因國無主九皇六十四民之祀王子弟則立其祖王之廟其祭祀王皆賜禽焉主其禮者警戒之糾其戒

具其來致福則帥而以造祭僕〈疏〉注都或至祭僕○釋曰知都有山川者見祭法云山川上陵能興雲雨諸侯有其地則祭無其地則不祭都祀畿內諸侯明亦祭境內山川也云及因國無主九皇六十四民之祀者按王制云天子諸侯祭因國之在其地而無主後者注云謂所因之國先王先公有功德宜享世祀今絕無後爲之祭主者按史記伏羲已前九皇六十四民並是上古無名號之君絕世無後今宜主祭之也云王子弟則立其祖王之廟者左氏傳莊二十八年云邑有先君之主曰都明天子禮亦然故知都內王子弟有祖王之廟也云其祭祀王皆賜禽焉者見祭僕云王所不與則賜之禽都家亦知之玄謂王所不與同姓有先王之廟是賜禽法云其來致福則帥而造祭僕知者見祭僕云凡祭祀致福者展而受之是造祭僕之事

正都禮與其服禁督其違失者服謂衣服及宮室車旗

〈疏〉注禁督至車旗○釋曰鄭云禁督其違失者解經正都禮禮中所含者多故摠以違失解之云服謂衣服及宮室車旗者解經與其服鄭并言宮室車旗者經雖直舉其服服中可以兼宮室車旗是以下文家宗人兼言宮室車旗之禁明衣服之外摠須正之

若有寇戎之事則保羣神之壝守山

川丘陵墳衍之壇域○疏注守山至壇域○釋曰此經所
壇惟癸反劉欲鬼反云據寇戎從外而入故先保在
郊之神位而言是以鄭云守山川丘陵墳衍之壇域也按小
宗伯云兆山川丘陵於四郊彼惟不言墳衍墳衍之位亦在
四郊皆須保之言壝者謂於中
為壇四畔為埒壇則壝見矣

國有大故則令禱祠既祭反命于國令令都之有司也祭謂報塞也反命還白王○禱本亦作禱丁老反一音丁報反塞西代反疏注令令至白王○釋曰鄭知所令令有司者此都宗人是王家之官王命使禱祠是都內之事明所令令都內之有司有事於神者也云祭謂報塞也者凡所禱曰禱至於得福則曰祭當與正祭同名祭則是經言祭據報塞而言也云反命還白王者本以禱祠為奉王命今祭訖反以王命還白於王故言還白王也

家宗人掌家祭祀之禮凡祭祀致福大夫采地之所祀與都同若先王之子孫亦有祖廟疏注大夫至祖廟○釋曰鄭云大夫采地之所祀者則家止謂大夫不通公卿也故載師職云家邑任稍地小都任縣地大都任畺地是大夫采地稱家在三百里之內卿為小都在四百里公為大

都在五百里則上都宗人所主是也言所祀與都同者據山川九皐六十四民在其地者云若先王之子孫亦有祖廟者亦如上都宗人但天子與諸侯禮異諸侯之卿大夫同姓邑有先君之主則曰都無曰邑天子之臣同姓大夫雖有先君之主亦曰邑也此不言凡家祭祀致福于國者舉都而言此家從可知

國有大故則令禱祠反命祭亦如之 以王命令禱祠歸白王於獲福 又以王命令祭之還又反命

【疏】國有至如之○釋曰云則令禱祠反命者王以命令禱祠云謂禱祠訖反命於王則與上文都宗人旣祭反命于國爲一也此更言祭亦如之者與上異則此是禱祠訖王復更有命祭祭訖亦反命然彼此無異但文有詳畧則彼亦有此王命更祭之法文不具也

掌家禮與其衣服宮室車旗之禁令 掌亦正也不言寇戎保羣神之壝則都家自保之都宗人所保者謂王所祀明矣

【疏】注掌亦至明矣○釋曰云掌亦正者都宗人云正故知此掌與彼正同云不言寇戎保羣神之壝則都家自保之者此鄭都家自解者鄭欲釋經二處互見其文何者彼經言若有寇戎之事則保羣神之壝者據王所命祀者而言則此家宗人亦有王所

命祀者家宗人亦保之可知此家宗人不言寇戎保羣神之壝者是王所不祀家宗人自保之則都宗人亦有王不祀者都宗人自保之可知故鄭二者雙言之云都宗人所保者謂王所祀明矣者以王所不祀宗人不保之明宗人保者王所祀也

凡以神仕者掌三辰之灋以猶鬼神示之居辨其名物猶圖也居謂坐也天者羣神之精日月星辰其著位也以此圖天神人鬼地祇之坐者謂布祭衆寡與其居句孝經說郊祀之禮曰燔燎掃地祭牲蠒栗或象天酒旗坐星厨倉具黍稷布席極敬心也言郊之布席象五帝座禮祭宗廟序昭穆亦又有似虛危則祭天圜丘象北極祭地方澤象后妃及社稷之席皆有明法焉國語曰古者民之精爽不攜貳者而又能齊肅中正其知能上下比義其聖能光遠宣朗其明能光照之其聰能聽徹之如是則神明降之在男曰覡在女曰巫是之使制神之處位次主而為之牲器時服巫既知神如此又能居以天法是以聖人祭之今之巫祝既闇其義何明之見何法之行正神不降或於淫厲苟貪貨食遂誣人神令此道滅痛矣○居紀慮反句紀

貝反薾工典反齊側皆反知音智〔疏〕凡以至名物○釋曰序官注云神士者男巫之俊知是巫者此中掌三辰之法以猶鬼神祇之居揔外傳云在男曰覡在女曰巫使制神之處位次主之度與此文合故知此神仕是巫○注猶圖至痛矣○釋曰云天者羣神之精日月星辰其著位也者鄭以經直見三辰不言天者天體無形人所不覩惟覩三辰故鄭云天者羣神之精日月星辰是其著位者也云以此圖天神人鬼地祇之坐者謂布祭衆寡與其居句者鄭意鬼神祇之居止是布祭於神神有衆寡多少或居方爲之或句曲爲之也引孝經說郊祀者援神契文敢問章云周公郊祀后稷以配天云郊祀之禮燔燎掃地已下至敬心之言釋之也言郊之布席已下是鄭君語云郊之布席象五帝坐者按天文有五帝坐星東方蒼帝靈威仰南方赤帝赤熛怒中央黃帝含樞紐西方白帝白招拒北方黑帝汁光紀各於其面是布神坐也云禮祭宗廟序昭穆者文二年太事於大廟毀廟之主陳於大祖未毀廟之主皆升合食昭南面穆北面是人鬼之席坐也云亦又有似虛危者虛危有墳墓四司又爲宗廟布席象之故云又有似虛危也云則祭天圜丘象北極者北極有三星則中央明者爲大一常居傍兩星爲臣子位焉云祭地方澤象后妃者天有后

妃四星天子象天后象地后妃是其配合也云及社稷者天
有天社之星祭社之位象焉故云及社稷之席之席之言結
五帝已下也孝經說云祭牲繭栗者據祭地或象天酒旗坐
星酒旗星名云廚倉具黍稷者廚倉亦星名言廚倉所以具
黍稷以祭祀云布席極敬心也者摠結語也國語曰以下者
欲見巫能制神之處位者心由精爽之意云精爽不攜貳者
言其專一也云上下比義者上謂天神下謂地神能比方尊
卑大小之義言聖能通知神意云神明降之者正謂神來降
於其身言在男曰覡在女曰巫者男子陽有兩稱名巫名覡
女子陰不變直名巫無覡稱言今之已下欲言今世邪巫誑
惑世間之事故鄭痛之

以冬日至致天神人鬼以夏日至致地示物鬽以禬國之凶荒民之札喪

天人陽也地物陰也陽氣升而祭鬼神陰氣升而祭地祇物鬽所以順
其爲人與物也致人鬼於祖廟致物鬽於墠壇蓋用祭天地
之明日百物之神曰鬽春秋傳曰螭鬽魍魎杜子春云禬除
也玄謂此禬讀如癰之潰○鬽眉祕反禬胡對反又戶外反
札側八反又音截墠音善螭勑知反〔疏〕以冬至札喪○釋曰言以冬日至夏
日至此則大司樂云冬日至於地上

之圜丘奏之若樂六變天神皆降夏日至於澤中之方丘奏之地祇皆出是也但其時天之神地之祇皆降仍於祭天之明日更祭此等小神祇故於此别之也○注天人至之遺○釋曰鄭云天人陽也者此解冬日至祭天神人鬼之意以其陽故十一月一陽生之月當陽氣升而祭之也云地物陰也者此解夏日至祭地示之意以其陰故五月一陰生之日當陰氣升而祭之也云所以順其爲人與物也者各順陰陽而在冬夏至也云致人鬼於祖廟致物彪於墠壇此鄭惟釋人鬼物彪不言致天神之處者文略亦當在墠壇也云蓋用祭天地之明日者當冬至夏至之日正祭天地之神示事繁不可兼祭此等雖無文鄭以意量之故云蓋用祭天地之明日也云百物之神曰彪春秋傳曰螭彪魍魎者按左氏宣公三年楚子問鼎之大小輕重王孫滿對曰夏之方有德也遠方圖物貢金九牧鑄鼎象物故民入川澤山林不逢不若魑魅魍魎莫能逢之服氏注云螭山神獸彪魅怪物魍魎木石之怪文十八年注螭山神獸形或曰如虎而噉虎或曰魅人面獸身而四足好惑人山林異氣所生爲人害如賈服義與鄭異鄭君則以螭彪爲一物故云百物之神曰彪引春秋螭彪以證之經無魍魎連引之以國語木石之怪夔魍魎賈服所注是也杜子春云禬除也後鄭云此禬讀如潰癰之潰者就

足子春之義以其癰潰則膿血除故讀從之云此禬讀從潰言此以對彼彼大祝云類造禬禜之禬禬爲會合之義不爲潰也

附釋音周禮注疏卷第二十七

知南昌府張敦仁署鄱陽縣候補知州周澍栞

周禮注疏卷二十七挍勘記　阮元撰盧宣旬摘錄

附釋音周禮注疏卷第二十七

御史

凡數從政者唐石經諸本同釋文凡數作數凡從司農讀也賈疏作凡數

故鄭從云者掌贊書數閩本同監本作故從之云者贊誤賔毛本又改作故改之云者

○按當作故從之云云言掌贊書數云云文理乃順監本從字獨是依其說而後駮之也惟者字乃言之誤

巾車

以封同姓異姓之次敘嘉靖本同此本疏中亦云次敘余本閩監毛本敘作序

錫樊纓十有再就唐石經余本毛本同嘉靖本閩監本錫誤錫注及疏同釋文錫音陽

三重三匝也余本匝作匝

今馬鞅　嘉靖本及漢制考同閩監毛本鞅誤鞅

正幅爲縿　葉鈔釋文作爲幓

其蓋服猶如上公　孫志祖云詩無衣正義引注畫服作車服是

經直云先　浦鏜云朱誤先

或會事或勞師　監本下或誤會浦鏜云命將誤會事

故建其正色以春田　孫志祖云大司馬疏春下有夏字

錫面朱總　唐石經余本嘉靖本同閩監毛本誤作鍚面朱總石經考文提要云宋本九經宋纂圖互注本宋附釋音本余仁仲本皆作錫面朱總

彤者畫之　余本彤作雕

鷖讀爲鳧鷖之鷖　漢讀考上鷖作緊云今本誤

或曰幢容余本閩監本同嘉靖本毛本及漢制考幢皆作潼按葉鈔釋文作潼容云本亦作𢅥余本載音義同今通志堂本改作幢容俗字周禮注幢字皆從木作橦賈疏本作潼容

安車無蔽余本嘉靖本同閩監毛本車誤居

如以繒爲之監本以誤之浦鏜云如當知字誤

毛氏亦云童容閩監毛本改潼容非毛傳祇作童

則重翟當王路閩監本同誤也當從毛本作玉路

翟車貝面閩本經注貝誤具此本及余本注中亦誤今正

組總有握唐石經諸本同釋文有握于馬皆作幄漢讀考云說文木部有楃字云木帳也從木屋聲楃字蓋出

巾車職各本從手非

輦車組輓唐石經諸本同釋文作連車云音輦本亦作輦按說文連負車也从辵从車古經當以連爲輦後人

叚注改之釋文本最古可據鄉師與其輂輦注故書輦作連鄭司農云連讀爲輦

木車蒲蔽犬榠 釋文及余本作榠唐石經嘉靖本閩本作榠監毛本作幦非下同說文巾部幦髤布也从巾辟聲周禮曰駹車犬幦按禮注云以犬皮爲覆笭考覆笭字儀禮既夕禮記玉藻少儀皆作幦與說文同蓋故書作榠今書作幦鄭從故書許從今書也許引作駹車者涉下文誤

蒲蔽謂羸蘭車 閩監毛本同余本嘉靖本岳本羸作贏按釋文謂羸魯火反劉又音果余本載音義同此亦改作贏誤甚漢制考載此注亦作贏從果者俗字

服讀爲箙 閩監毛本同余本岳本嘉靖本箙作菔下同按釋文攝菔音服當是此注爲菔音服之誤上攝服字見既夕禮諸本並同不作菔也惠挍本疏中亦作菔此從竹俗字漢讀考云刀劍短兵之衣字正當作服既夕記犬服攝服字祇作服是也鄭君何緣易爲從艸之菔蓋此經作菔注易爲服由經注互改之倒置

先鄭云謂羸蘭車者 閩本同監毛本羸作贏下同

故使康王出鄉門外　閩監毛本鄉誤鄕

大夫說經帶于廟門外　浦鏜云丈誤大

杜子春轅讀爲華藻之藻　漢讀考云疑當作讀爲藻率之藻與典瑞司几筵繅注同下文直謂華藻也乃竟伸其義

元謂藻水草　漢讀考云說文藻水草也从艸从水巢聲或从喿作藻是則藻藻一字蓋漢人已分别藻爲華藻藻爲水艸故杜作藻鄭君作藻

見爲蒼文色也　浦鏜云艾誤文

駹車雚蔽　唐石經原刻雚後磨改萑釋文雚葉鈔本作萑

然複髹飾　釋文髹飾香求反漢讀考作桼飾云古音次同桼旁轉寫誤加耳杜氏易次爲桼乃以髹桼訓其義鄭君釋髹曰赤多黑少此釋杜語如詩箋多釋毛語非經文作髹也淺

人改經作縣誤本流傳自唐以前然矣

縣爲軟 余本岳本同嘉靖本閩監毛本軟誤軟下同釋文爲軟音次此本疏中亦誤從欠

龍讀爲駹 說文巾部引周禮曰駹車龍作駹與杜讀同

車邊側有漆飾也 余本岳本漆作桼下同當據正上文皆作桼

漆則成蕃 嘉靖本閩本同余本監毛本蕃作藩按賈疏作藩引下經藩蔽釋之余本是也

後鄭以破龍爲白黑之色故此注從子春爲駹 閩監毛本爲駹作龍誤浦鏜云以當已字訛

漆車黑車也 岳本漆作桼漢讀考云漢人用桼字經文作漆者正同載師故書作漆林杜易桼林也

以其席即上文雀 閩本同雀蓋萑之訛監毛本作雚

孤乘夏篆 說文軸車約也從車川聲周禮曰孤乘夏軸按軸與篆聲相近蓋賈許所讀本如是訓爲車約與兩

鄭義合

故書夏篆爲夏緣漢讀考云故書作緣字故司農云夏赤色緣緣色今各本作緣此正同内司服注之誤三緣字皆當作綠

夏赤也毛本同案也當色譌

篆讀爲圭瑑之瑑漢讀考云疑當作讀如

不革輓而漆之余本同嘉靖本閩監毛本輓誤鞔○按鞔是也

有裧爲異耳毛本作有裧是也閩監本作䄠譌

所建旃是攝盛閩監毛本旃訛旓下同

柩路載柩車也余本岳本嘉靖本同閩監毛本依經改匶路非疏中標起訖及引注準此○按此亦經作古字注作今字之一證

共其弊車 葉鈔釋文作敝車

歸其故弊車也 此本弊誤幣今據諸本訂正

以旦警衆 段玉裁云旦當是且之誤

故書鈴或作軫 閩監本同誤也余本嘉靖本毛本軫作軨當據以訂正釋文作爲軨音零劉音領

典路

惟出王路也 閩監本同誤也當從毛本作玉路

則出路據王所乘之 監本據誤以

與玉路之二相對 毛本二作貳當據正

車僕

其字當爲萃 諸本同按其蓋卒之訛集韻十八隊倅副也或作萃亦省作卒類篇衣部卒取内切副也

當本釋文釋文當云卒子七內反副也又作萃今本盡出後人刪改此經五萃字當本作卒淺人援注改之○按漢讀考詳之

卒游闕四十乘　閩本卒游作遊監毛本改斿非此本下引注亦作遊闕

故知餘諸侯兵車避天子不得以戎路也　閩本兵車下增並以二字監毛本兵車下增並以廣車爲之六字

凡師共革車　監本共誤其

是優尊所乘也　浦鏜云尊下脫者按無者亦通此非引注

經不云戎路而云革車　閩本同監毛本戎路下增革路二字非

司常

通帛爲旜　說文㫃部云旜旗曲柄也所以旃表士衆从㫃丹聲周禮曰通帛爲旃又旜旃或从亶

大傳謂之徽號 余本嘉靖本同閩監毛本謂誤爲盧文弨曰通考亦作謂

皆明大赤也 浦鏜云明當名誤

今旌旗通體 閩本同監毛本旂誤旗

故鄭引爾雅注旐以縿旌 閩本同監毛本注改註非

彼施於喪葬之旂也 閩本同監毛本旂誤期

師都建旗 唐石經諸本同漢讀考云玩注意謂鄉遂大夫帥都建旗領民聚之都大司馬帥都載旜鄉家載物注帥都遂大夫鄉家鄉大夫也今本誤亦同說文㫃部引周禮率都建旗作率者故書作帥者今書也見樂師注聘禮注曰古文帥皆作率此賈疏本亦誤作師都釋曰師衆也都聚也主鄉遂民衆所聚故謂之師都

斿車載旌 說文作游車載旌

象其勇捷也 毛本捷誤健

游車載旌 閩本同監毛本游改斿

至於天子旌旂 閩本同監毛本旂改旗

卿合建旃 閩監毛本作建旜

鄉之黨亦得與州同建旃可知 浦鏜云旜誤旃

并都鄙已下 閩本同監毛本作鄙師

見人退之 閩監毛本退作避

是以士冠記及郊特牲 閩監毛本記作禮非

則建旞也 毛本同閩監本旞誤旌

但正田獵所建大麾 閩本剜改所作時監毛本承之

所以題别衆臣 盧弨文曰詩六月正義引此作衆官官字是

朝各就焉賈疏引作朝者各就焉盧弨文曰詩正義亦有者字此脫

亡則以緇長半幅赬末閩監毛本作輻誤也余本嘉靖本輻作幅當訂正

皆受含於朝閩本同誤也監毛本含作舍當據正

謂王行書止閩監本同誤也毛本書作晝當據正

取舊予新監本予改與毛本疏中亦改予皆非蓋注用予字疏用與字此本及閩本皆注作予疏作與也

都宗人

掌都宗祀之禮閩監毛本同誤也唐石經余本岳本嘉靖本作祭祀當據以訂正

九皇六十四民之祀監本剜改民作氏疏中同○按說詳卷首

家宗人

此鄭都家自解者盧文弨曰自疑當作揔

凡以神仕者余本嘉靖本閩監毛本同唐石經仕作士然士字獨小蓋本作仕後磨改作士序官經注疏作士沈彤周官祿田考云當作仕賈疏於他職皆引作神仕釋文仍題家宗人不標此五字孫志祖云案庶人云凡四方之舞仕者屬焉則當作仕序官作士者誤也

燔燎掃地嘉靖本掃作埽

是之使制神之處位次主余本岳本嘉靖本閩本同監毛本改是以非

下謂地神閩監毛本改地祇

讀如潰癰之潰余本閩監毛本同嘉靖本癰作癕與疏合此本舊誤作讀如癰之蹟今補正疏云就足子春之義以其癰潰則濃血除故讀從之漢讀考云讀如疑當作讀爲

此解夏至祭地示之意閩本同監毛本作地祇

雖無文鄭以意量之閩本同監毛本文上增正

彪魅怪物魍魎　閩本同監毛本刪彪

此禬讀如潰癰之潰者　閩本同監毛本癰改癃

以其癰潰則濃血除　閩本同監毛本濃改膿俗字

周禮注疏卷二十七挍勘記終

南昌袁泰開挍

附釋音周禮注疏卷第二十八

鄭氏注　賈公彥疏

夏官司馬第四（疏）鄭云象夏所立之官馬者武也言爲武者也夏整齊萬物天子立司馬共掌邦政政可以平諸侯正天下故曰統六師平邦國

惟王建國辨方正位體國經野設官分職以爲民極乃立夏官司馬使帥其屬而掌邦政以佐王平邦國政正也政所以正不正者也孝經說曰政者正也正德名以行道

（疏）注政正至行道○釋曰爲正者取平正之義大司馬主六軍所以正諸侯違王命不正者故鄭云所以正不正是以康子問政孔子云子帥以正孰敢不正孝經說者是孝經緯文云政者正也正德名以行道者亦是正者先自正己之德名以行道則天下自然正引之以證正不正之事

政官之屬大司馬卿一人

小司馬中大夫二人軍司馬下大夫四人輿司馬上士八人行司馬中士十有六人旅下士三十有二人府六人史十有六人胥三十有二人徒三百有二十人輿衆也行謂軍行列晉作六軍而有三行取名於此○輿音餘行戶剛反注同行行列反

疏政官至十人○釋曰此序官從大司馬至府六人其數與諸官同自史以下則與諸官皆云史十二人胥十二人徒百二十人獨此官史十有六人胥三十二人徒三百二十人與諸官異者以大司馬大摠六軍軍事尚嚴特須監察故胥徒獨多是以襄公三年六月晉悼公會諸侯盟于雞澤秋晉侯之弟揚干亂行於曲梁魏絳戮其僕晉侯怒對曰使臣斯司馬臣聞師衆以順爲武是其尚嚴也○注輿衆至於此○釋曰輿衆者按左氏傳僖二十八年晉侯聽輿人之誦是輿爲衆之義也云行謂軍行列者詩云寘彼周行是行得爲行列云晉作六軍而有三行取名於此者左氏僖二十八年云晉侯作三行以禦狄注云晉置上中下三軍今復增置三行避天子六軍之名

以所加三軍者謂之三行彼名軍爲行取於此行司馬之名也凡制軍萬有二千五百人爲軍王六軍大國三軍次國二軍小國一軍軍將皆命卿二千有五百人爲師師帥皆中大夫五百人爲旅旅帥皆下大夫百人爲卒卒長皆上士二十五人爲兩兩司馬皆中士五人爲伍伍皆有長軍師旅卒兩伍皆衆名也伍一比兩一閭卒一族旅一黨師一州軍一鄉家所出一人將帥長司馬者其師吏也言軍將皆命卿則凡軍帥不特置選於六官六鄉之吏自鄉以下德任者使兼官焉鄭司農云王六軍大國三軍次國二軍小國一軍故春秋傳有大國次國小國又曰成國不過半天子之軍周爲六軍諸侯之大者三軍可也詩大雅常武曰赫赫明明王命卿士南仲大祖大師皇父整我六師以修我戎既儆既戒惠此南國大雅文王曰周王于邁六師及之此周爲六軍之見于經也春秋傳曰王使虢公命曲沃伯

以一軍爲晉侯此小國一軍之見於傳也○百人爲卒二十五人爲兩故春秋傳曰廣有一卒卒偏之兩○軍將子匠反凡軍將將帥之類放此帥所類反下將帥之字皆同卒子忽反後皆同卒長丁丈反卷內不出者放此比毗志反大祖音泰下大師及下文大僕同皇父音甫儆本亦作敬京領反見賢遍反下同廣光浪反

疏 凡制至有長○釋曰云此大國次國小國者皆以命數同者軍數則同則上公爲大國侯伯爲次國子男爲小國也魯是侯爵而魯頌云公徒三萬注云萬二千五百人爲軍大國三軍合三萬七千五百人言三萬者舉成數也然當。公之時其實二軍故襄公十一年作三軍則前無三軍矣若僖公時有三軍則中間應有合之文注詩爲三軍者作詩之人舉魯爲時而言若然魯公伯禽之時則三軍矣魯語季武子爲三軍叔孫昭子曰不可又云今我小侯也明大侯之時有三軍矣鄭荅林碩爲二萬之大數者以寶言之也此言軍將皆命卿及師帥皆中大夫旅帥皆下大夫卒長皆上士兩司馬皆中士伍皆有長者皆據在鄉爲鄉大夫州長當正旅師閭胥比長將尊卑命數而言伍皆有長是比長下士不言皆下士者以衆多官卑故畧而不言也○注軍師至之兩○釋曰鄭以經伍兩卒旅師軍皆據在鄉內民數而言者以共凡出軍皆據六鄉爲數是以小司徒云凡起徒役無過家一人是以鄭據在鄉之數而以家出一人結之也鄭云言凡軍將皆命卿則凡軍帥不特置選於六官六鄉之吏者鄭云選於六官者謂王朝六卿此六軍之將還選六鄉中有武者爲軍將也又別言六鄉之吏者整六鄉大夫及州長黨正族師閭胥比長中有武者今出軍之爵還遣在鄉所管之長爲軍吏也鄭必知還遣本長爲軍吏者見管子云因內政寄軍令且經並據在鄉時尊卑而言故知因遣其鄉之官而領之也是以州長職注云掌其戒令賞罰原本實缺七格師自黨已下注皆云因爲旅帥因爲卒長閭胥以下雖不言因爲義可知又云自鄉已下德任者使兼官焉者按大司馬云師都載旜鄉遂載物鄭云鄉遂大夫或載旜或載物衆屬軍吏無所將則自鄉已下至伍長有武德堪任爲軍之吏者乃兼官兼官者在鄉爲鄉官在軍爲軍吏若無武德不堪任爲軍吏者則衆屬他軍吏身不得爲軍吏是無所將也是以詩云韎韐有奭以作六師鄭云諸侯世子除三年之喪未遇爵命服士服而來時有征伐之事天子以其吏任爲軍將是代爲軍將之事則王朝之官有武德者皆可代爲軍吏也先鄭云王六軍已下復引諸文者以當時有不信周禮者故引爲證言春秋有大國有次國有小國者此亦春秋正文成三年冬十一月晉侯使荀庚來聘衛侯使孫良夫來

聘公問諸臧宣叔曰中行伯之於晉其位在三孫子之於衛也位爲上卿將誰先對曰次國之上卿當大國之中中當其下下當其上大夫小國之上卿當大國之下卿中當其上大夫下當其下大夫上下如是古之制也衛在晉不得爲次國晉爲盟主其將先之丙午盟晉丁未盟衛蓋指此爲大國次國小國也云又曰成國不過半天子之軍周爲六軍諸侯之大者三軍可也者襄十四年晉侯舍新軍禮也成國禮不過半天子之軍周爲六軍諸侯之大者三軍可也晉雖爲侯爵以此○爲霸主得置三軍故爲禮也云此周爲六軍之見于經也者此引春秋及大雅常武與文王皆是正經故云之見于經也此經言軍而詩云師者此皆軍也故鄭荅林碩云軍者兵之○大名軍禮重言軍爲其大悉故春秋之兵雖有累萬之衆皆聽師師詩云六師即六軍也然軍旅卒兩皆衆名獨舉師者故易師彖云師貞丈人吉无咎軍二千五百人爲師丈之言長也以法度爲人之長故吉无咎謂天子諸侯而主軍軍將皆命卿天子六軍兵衆之名移矣正言師者出兵而多以軍爲名次以師名少旅爲名言衆○舉中言之也由此言之故以師爲大名不言軍爲其大悉不言旅爲其中故以師表名見其得中以兼上下言軍○以軍爲名謂征伐次以師爲名謂君行師從少以旅爲名謂卿行旅從之時也云春秋傳曰王

使虢公命曲沃伯以一軍爲晉侯此小國一軍之見於傳者莊十六年傳文以其新并晉國雖爲侯爵以小國軍法命之故一軍也云故春秋傳曰廣有一卒卒偏之兩者宣十二年欒武子說楚之軍法云其君之戎分爲二廣廣服氏云左右廣各十五乘廣有一卒服氏云百人爲卒言廣有卒爲承也卒偏之兩服氏云五十人曰偏二十五人曰兩廣既有一卒爲承承有偏偏有兩故曰卒偏之兩引之以證卒是百人兩爲二十五人意也

一軍則二府六史胥十人徒百人

疏 一軍至百人○釋曰此非掌也有軍則置之無則已府史不言府二人史六人而逆言其數者欲見所置非常故倒言以見義也

司勳上士二人下士四人府二人史四人胥二人徒二十人

故書勳作勛鄭司農云勛讀爲勳勳功也此官主功賞故曰掌六鄉賞地之法以等其功○勛香云反劉音訓

疏 司勳至十八○釋曰此已下六十官以大司馬主軍法所有軍事及武勇官爵賞賚整齊之等皆屬焉序官前後亦不據尊卑直取事急者居前事緩者居後是以司勳及馬質已下皆士官而居前射

人諸子司士之等大夫官而居後也但司馬主征伐軍無賞士不往凡軍以賞爲先故僖二十八年秋七月晉文公獻俘授馘飲至大賞武王入殷封功臣謀士師尚父爲首故司勳列位在前上士二人爲官下士四人爲之佐府二人主藏文書史四人作文書草胥二人爲十長徒二十人給徭役○注故書至其功○釋曰先鄭不從古書勛而從勳者勛是古字從今之勳也云掌六鄉賞地之法以等其功者司勳職文

馬質中士二人府一人史二人賈四人徒八人質平也主買馬平其大小之賈直○賈音嫁注及下同 疏 注質平至賈直○釋曰司馬者主以供軍之用馬質主平馬賈買之故亦列職居前也然不使與校人相近而在此者平馬大小賈直故使與量人相近故也以其主司馬故屬夏官

量人下士二人府一人史四人徒八人量猶度也謂以丈尺度地○量音亮或音良下同度待洛反下同 疏 注量猶至度地○釋曰在此者以其掌營軍之壘舍量其

市朝州塗軍社之所理其中雖有餘事要以軍事爲重故亦列職於此也

小子下士二人史一人徒八人 小子主祭祀之小事〔疏〕注小子至小事○釋曰在此者以其職有掌小祭祀羞羊肆釁軍器師田掌斬牲徇陳之事故屬此也

羊人下士二人史一人賈二人徒八人〔疏〕羊人○釋曰羊人在此者以其職有掌羊牲凡祭祀割牲等之事羊屬南方火司馬火官故在此按說卦云兌爲羊注云其畜好剛鹵又易說云大山失金雞西嶽亡玉羊玉羊者西嶽之精而羊不在西方者羊有二義按五行傳云視之不明則有羊禍注云羊畜之遠視者屬視故列在夏官兌爲羊又屬西方也

司爟下士二人徒六人 故書爟爲燋杜子春云燋當爲爟書亦或爲爟爟爲私火玄謂爟讀如予若觀火之觀今燕俗名湯熱爲觀則爟火謂熱火與○司爟古喚反燋哉約反李又音灼觀古喚反下同與音餘〔疏〕注故書至火與○釋曰在此者按其職有行火之政令火屬南方故在此也子春不從古書燋還從

爟爟爲私火者民間理爨之火爲私火亦如後鄭爲熱火也後鄭讀如予若觀火者盤庚告其羣臣不欲徙而匿情者予若觀熱也我有刑罰如熱火可畏故引燕俗以湯熱爲觀。亦取熱火之義後鄭云謂熱火與者對秋官司烜氏以夫燧取火於日中爲明者爲冷火破字爲疑故云與也孔安國以觀爲視我觀汝情如視火與鄭義異也若然司烜氏不在此者彼取金義故在秋官也

掌固上士二人下士八人府二人史四人胥四人徒四十人

固國所依阻者也國曰固野曰險易曰王公設險以守其國。〔疏〕注固國至其國。釋曰鄭云固國所依阻者也者欲見固據在國而言云國曰固野曰險者對下文司險是在野之義也以其掌固職云掌脩城郭溝池樹渠之固並據國而言司險職云周知山林川澤之阻而達其道路皆據在野而言故知在野曰險又引易者易坎卦彖云天險不可升地險山川丘陵王公設險以守其國引之證固是在國王公設之以守國若然易云王公設險險即此固以其言王公設之非是在野自然之險者也是對文則險固異散則險固通名也掌固司險在

也者取整齊之義故也

司險中士二人下士四人史二人徒四十人

掌疆中士八人史四人胥十有六人徒百有六十人疆界也○疆居良反注及後同【疏】掌疆至十八○釋曰在此者按其職闕雖未知其事蓋掌守疆界亦是禁戒之事故在此也

候人上士六人下士十有二人史六人徒百有二十人候候迎賓客之來者【疏】注候候至來者○釋曰在此者按其職云各掌其方之道治與其禁令以設候人是候迎賓客之事故詩云彼候人兮荷戈與祋亦是武事故在此也

環人下士六人史二人徒十有二人環猶卻也以勇力卻敵○環戶關反劉戶串反卻起略反下同【疏】注環猶至卻敵○釋曰在此者按其職云掌致師察軍慝皆是軍師

之事也故在此也

挈壺氏下士六人史二人徒十有二人挈讀如絜髮之絜壺盛水器也世主挈壺水以爲漏○挈劉苦結反一音結又戸結反盛音成【疏】注挈讀至爲漏釋曰在此者按其職云掌挈壺以令軍井挈轡以令舍挈畚以令糧又云凡軍事懸壺以序聚櫜皆爲軍事按在此也鄭讀挈如絜髮之絜者詩云總角之宴毛傳云總角結髮此鄭依毛傳絜即結之義也鄭云世主挈壺水以爲漏者以其稱氏此則官有世功則以官爲氏故以世主解之也

射人下大夫二人上士四人下士八人府二人史四人胥二人徒二十人【疏】射人○釋曰在此者以其主射事射即武事故在此也

服不氏下士一人徒四人服不服不服之獸者【疏】注服不至獸者

釋曰在此此者以其服不服之獸象王者伐叛柔服之義故在此也

射鳥氏下士一人徒四人○射食亦反（疏）射鳥氏○釋曰在此者按其職云掌射鳥亦是武事在此宜也

羅氏下士一人徒八人能以羅罔捕鳥者郊特牲曰大羅氏天子之掌鳥獸者○捕鳥音博一音付本又作捕音步（疏）注能以至獸者○釋曰在此者按其職云掌羅烏鳥亦是武事故在此也引郊特牲云大羅氏天子之掌鳥獸者按彼云大羅氏天子之掌鳥獸者諸侯貢屬焉彼大羅氏則此羅氏爲一彼稱大對諸侯此直曰羅氏此無所對故不稱大此職唯羅烏不主獸彼兼言獸者諸侯所貢鳥獸屬焉則兼掌所貢之獸也

掌畜下士二人史二人胥二人徒二十人畜謂斂而養之○畜許六反注同劉許又反（疏）注畜謂斂而養之○釋曰在此者按其職云掌養鳥而阜蕃教擾之是專養鳥其職注謂鵝鶩之屬是斂而養之鳥是羽蟲屬南方故在此也

司士下大夫二人中士六人下士十有二人府二人史四人胥四人徒四十人（疏）司士○釋曰在此者以其職云掌以德詔爵以功詔禄與大司馬云進賢興功同故列職於此也

諸子下大夫二人中士四人府二人史二人胥二人徒二十人諸子主公卿大夫士之子者或曰庶子（疏）注諸子至庶子○釋曰在此者按其職云若有甲兵之事則授之車甲故亦在此也鄭云諸子主公卿大夫士之子者按其職云掌國子之倅則代父者是公卿大夫士之適子皆是倅故鄭既言之云或曰庶子者按禮記燕義稱此諸子爲庶子故言或曰以其燕禮有庶子執燭之事彼稱諸子謂之庶子故燕義兼說天子諸子之事諸庶爲一皆掌公卿大夫士之適故通謂之庶子也

司右上士二人下士四人府四人史四人胥

八人徒八十人右謂有勇力之士充王車右（疏）注右謂至車右○釋曰在此者王車之右執干戈以衛王亦是武事故在此也鄭知勇力者共職云國之勇力之士能用五兵者屬焉鄭云選右當於中是用勇力充之者也

虎賁氏下大夫二人中士十有二人府二人史八人胥八十人虎士八百人不言徒曰虎士則虎士徒之選有勇力者○賁音奔下同（疏）注不言至力者○釋曰在此者亦衛守王在此宜也鄭云不言徒曰虎士則虎士徒之選勇力者以其在胥下例皆是徒今不言徒而曰虎士明先是徒之選有勇力者乃爲之以當徒處

旅賁氏中士二人下士十有六人史二人徒八人（疏）旅賁氏○釋曰在此者按其職云掌執戈盾夾王車而趨左八人右八人車止則持輪言旅見其衆言賁見其勇亦是衛守王事故在此也

節服氏下士八人徒四人世爲王節所衣服○爲于僞反疏注世爲至衣服○釋曰在此者按其職云郊祀二人執戈送逆尸從車亦是武事故在此也鄭云世爲王節所衣服以其著服與王爲節而稱氏故知官有世功則曰官旅然凡稱氏者鄭雖不釋爲世功但注有詳畧從可知也

方相氏狂夫四人方相猶言放想可畏怖之貌○放想方丈反本或作旗音同疏注方相至之貌○釋曰在此者按其職云蒙熊皮黃金四目玄衣朱裳執戈揚盾可畏怖亦是武事故在此也鄭云方相猶言放想者漢時有此語是可畏怖之貌故云方相也

大僕下大夫二人小臣上士四人祭僕中士六人御僕下士十有二人府二人史四人胥二人徒二十人僕侍御於尊者之名大僕其長也疏注僕侍至長也釋曰在此者凡言僕御者是武衛之事又大僕職凡軍旅田役贊王鼓是凡僕御皆連類在此也大僕已下四官因仍同府史之等者大

僕己下至御僕乃是別職同官故同府史也小臣其職云掌
王之小命詔相王之小法儀祭僕其職云掌受命於王以視
祭祀御僕其職云掌羣吏之逆及庶氏之復大僕爲長故連
類在此若然府史胥徒在御僕下者是四官別職同官故共
府史胥
徒也

隷僕下士二人府一人史二人胥四人徒四
十人此吏而曰隷以其事褻○褻息列反疏注此吏至事褻○釋曰在此者以僕皆在此故亦在此但
所掌事褻故別官職不屬大僕鄭云此吏而曰隷以其事褻
者此經言下士二人即是吏按秋官有罪隷已下是奴稱隷
以其掌褻故與
賤同稱隷也

弁師下士二人工四人史二人徒四人弁者古冠之大
稱委貌緇布曰冠○弁皮彥反稱尺證反疏弁師至四人○釋曰在此者以夏
物長大而盛壯人年長大乃冠以
象夏故不同司服在春官而在此也○注弁者至曰冠○釋
曰按禮記郊特牲及士冠記皆云夏收殷冔周弁三代皆祭

冠則弁亦冕也即是六冕皆得稱弁若然皮弁爵弁自然是弁故鄭云弁者古冠之大稱也云委貌緇布曰冠者此二者對皮弁爵弁六冕惟曰冠若散文亦得言弁故司服云凡田冠弁服凶事服弁服皆得言弁也

司甲下大夫二人中士八人府四人史八人胥八人徒八十人甲今之鎧也司甲兵戈盾官之長○鎧苦愛反盾常允反又音允

疏注甲今至之長。○釋曰在此者其職雖闕但甲者軍師所用在此宜也言甲今之鎧者今古用物不同其名亦異古用皮謂之甲今用金謂之鎧從金爲字也云司甲兵戈盾官之長者以其此官下大夫又在上已下皆士官故云長也

司兵中士四人府二人史四人胥二人徒二十人

疏司兵。○釋曰在此者按其職云掌五兵五盾及授兵從司馬之法此亦爲軍事在此宜也

司戈盾下士二人府一人史二人徒四人戈今時句子戟。○句子古侯反下音結

疏司戈至四人。○釋曰在此者按其職云祭祀授旅賁殳故士戈盾授舞者

兵皆武事故在此也。注戈今時句孑戟。○釋曰按冬官冶氏爲戈戟戈則兩刃長六尺六寸戟則三刃長丈六尺柲既不同鄭云戈句孑戟而爲一物解之者鄭舉漢法以況之漢時見戈有旁出者爲句孑亦名胡孑故號戈爲句孑戟也

司弓矢下大夫二人中士八人府四人史八人胥八人徒八十人司弓矢弓弩矢箙官之長。○箙音服（疏）注司弓至之長。○釋曰在此者按其職云掌六弓四弩八矢給武之所用在此宜也云司弓矢弓弩矢箙官之長者司弓矢下大夫已下繕人槀人皆士官故得與之爲長也鄭云司弓弩即繕人也

繕人上士二人下士四人府一人史二人胥二人徒二十人繕之言勁也善也（疏）注繕之至善也。○釋曰在此者按其職云掌王之用弓弩矢箙亦是武事故在此也云繕之言勁也善也者以其所掌弓弩有堅勁而善堪爲王用者乃入繕人以共王故鄭爲此解之也

槀人中士四人府二人史四人胥二人徒二十人鄭司農云槀讀爲芻槀之槀。箭幹謂之槀。此官主弓弩箭矢故謂之槀人。○槀古老反幹如字沈古旱反 疏 注鄭司至槀人。○釋曰在此者。職云掌六弓八矢四弩是軍事所用故在此也先鄭云箭幹謂之槀按冬官矢人云以其笴厚爲之羽深後鄭云笴讀爲槀謂矢幹古文假借字則此槀人非直掌矢槀兼主弓弩矢箙等而云槀人者以槀爲主耳故云此官主弓弩箭矢故謂之槀人

戎右中大夫二人上士二人右。者參乘此充戎路之右田獵亦爲之右焉。○乘繩證反 疏 注右者至右焉。○釋曰此戎右并下僕馭在此者皆是防衛之官故皆在此云古者參乘者若在軍爲元帥則將居鼓下將在中御者在左若凡平兵車則射者。在左御者居中若在國則尊者在左御者亦中央其右是勇力之士執干戈常在左右故云古者參乘也云此充戎路之右田獵亦爲之右者按巾車玉路有五按下文僕亦有五惟此戎右已下有三不見玉路祀之右又不見木路田路之右故以田戎相類齊祀相因故以類相兼故戎右兼田右齊

右兼祀右若然僕有五不兼者僕雖於右是以六類之中有五御而不言右也按巾車玉路居前戎路在後此右在前又戎右。大夫齊右下大夫道右上士戎右官人尊者夏官主事尚威武故戎右居前使官尊也

齊右下大夫二人。充玉路金路之右〇齊側皆反下齊僕并注同〔疏〕注充玉至之右〇釋曰充金路爲王故云齊按曲禮云立如齊注齊謂祭祀時則齊雖施於祭前當祭時亦名齊故得兼金玉二路而鄭不言亦以其齊同故也

道右上士二人充象路之右〔疏〕注充象路之右〇釋曰在朝所以行道是以名車爲道車以中車五路差之上已有玉金革木之等此道右當充象路之右可知不兼而官卑者以其上四事簡故使兼此道右每日視朝行事繁故不兼以其事卑於齊戎之等故官職卑也

大馭中大夫二人馭之最尊〇馭音御〔疏〕注馭之最尊〇釋曰在此者亦是衛守之事在此宜也云馭之最尊者以其御玉路以祀故云最尊以是特尊不與下同名僕而謂之大馭也若然戎右在前

尚威武此戎僕在前者以其僕雖駕馭爲難仍非武事故退戎僕於後進大馭於前也仍尊戎僕在齊僕之上而使中大夫爲之與戎右尊卑同也

戎僕中大夫二人 馭言僕者此亦侍御於車 〔疏〕注馭言至於車 釋曰上大僕已下言僕並是侍御之官稱僕今此馭車之人亦言僕者在車亦是侍御之類故云亦侍御於車也

齊僕下大夫二人 古者王將朝覲會同必齊所以敬宗廟及神明○朝直遥反後朝覲皆同 〔疏〕注古者至神明○釋曰齊而敬神明者按曲禮下注云春夏受贄於朝受享於廟秋冬一受之於廟是朝覲敬宗廟按覲禮及司儀會同之時設方明於壇上設六玉以禮方明之神是會同敬神明巾車云金路建大旂以賓則金路主爲賓路賓路則諸侯與王行朝覲會同之禮故鄭以朝覲會同以釋齊也

道僕上士十有二人 王朝朝莫夕主御王以與諸臣行先王之道○朝朝上如字下直遥反莫音暮 〔疏〕注王朝至之道○釋曰按上齊右見下至齊僕皆二人唯戎右與道僕人數多者則戎右有所

斬殺故左氏傳晉縛秦囚萊駒爲右使萊駒斬之故人多也道僕所以特多者以朝夕在朝來往駕脫難而且煩故人最多也鄭云王朝朝莫夕主御者此釋人多之意云王以與諸臣行先王之道者此釋稱道之言也

田僕上士十有二人〔疏〕田僕○釋曰人亦多者王有四時之田兼有囿囿遊獵及取鮮獸之等亦是事繁而難故亦特多也

馭夫中士二十人下士四十人〔疏〕馭夫○釋曰按其職云掌馭貳車從車使車之等馭僕之類故亦在此馭夫揔六十人按校人三乘爲阜阜一趣馬三阜爲繫繫一馭夫則馬三十六匹一馭夫計良二千一百六十匹則六十馭夫又駑六麗一師六師一趣馬六趣馬一馭夫則一馭夫主四百三十二匹駑千二百九十六匹則馭夫三人并前六十三人與此不合者蓋此序官脫三人也

校人中大夫二人上士四人下士十有六人府四人史八人胥八人徒八十人校之爲言校也主馬者必仍校

視之校人馬官之長○校，戶教反，字從木，若從手旁作，是比校之字耳，今人多亂之，注校之校人同。疏校人至十人○釋曰：在此者，以馬共軍所用，故其職云凡軍事物馬而須之，故在此官。特尊而多者，以王馬多故也。○注校之至之長○釋曰：云校之爲言校也者，讀從曲禮與少儀效馬效羊取效見義，以其養官畜者必效見之，故鄭云主馬者必仍校視之。仍者，相仍有時數數程見之也。云校人馬官之長者，與下趣馬至圉人爲長，有事皆取長官法度。

趣馬，下士，皁一人，徒四人。趣馬，趣養馬者也。鄭司農說以詩曰蹶維趣馬。○趣，七口反，劉清須反，注同。皁，才早反。趣養，清須反，又七口反，一音七句反。蹶，居衛反。疏注趣馬至趣馬○釋曰：在此者，按其職云掌正良馬而齊其飲食，是以鄭云趣馬趣養馬者，故在此也。先鄭說以詩云蹶惟趣馬者，彼詩是刺幽王之詩，其詩臣名蹶惟作趣馬之官，權寵之例，引以證趣馬是官名也。

巫馬，下士二人，醫四人，府一人，史二人，賈二人，徒二十人。巫馬知馬祖先牧馬社馬步之神者，馬疾若有犯焉，則知之，是以使與醫同職。疏巫馬至十八○釋曰巫知馬祟醫知馬病故連類在此也有賈者治馬死生須知馬價故有賈人也○注巫馬至同職○釋曰馬祖之等並在下文有人犯者與爲祟巫則知之爲之謝過必與醫同職者巫言無祟則是時氣及損傷付醫治之故二官同職也

牧師下士四人胥四人徒四十人主牧放馬而養之○牧舊音目劉音茂沈音木〈疏〉注主牧放馬而養之○釋曰在此者按其職云掌牧地是放馬故與校人連類在此也

廋人下士閑二人史二人徒二十人廋之言數○廋所求反數色主反數之同〈疏〉注廋之言數○釋曰在此者按其職云掌十有二閑之政皁馬佚特之等故與馬官連類在此也

圉師乘一人徒二人圉人良馬匹一人駑馬麗一人養馬曰圉四馬爲乘良善也麗耦也○圉魚呂反乘繩證反注同麗如字〈疏〉圉師至二人○

釋曰在此者以其掌養馬也○注養馬至耦也○釋曰在此者按其職云掌養馬芻牧之事以役圉師亦是爲馬故亦連類在此也

職方氏中大夫四人下大夫八人中士十有六人府四人史十有六人胥十有六人徒百有六十人職主也主四方之職貢者職方氏主四方官之長〔疏〕注職主至之長○釋曰在此者司馬主九畿職方制其貢事相成故在此官尊而人多以其主天下人民貢賦之事事繁故也云主四方官之長者與下諸言方者爲長也

土方氏上士五人下士十人府二人史五人胥五人徒五十人土方氏主四方邦國之土地〔疏〕注土方至土地○釋曰在此者按其職云以土地相宅而建邦國都鄙與職方連類在此也故主四方邦國之土地

懷方氏中士八人府四人史四人胥四人徒四十人懷來也主來四方之民及其物〔疏〕注懷來至其物○釋曰在此者按其職云掌來遠方之民致方貢致方貢致遠物故與職方連類在此也

合方氏中士八人府四人史四人胥四人徒四十人合方氏主合同四方之事〔疏〕注合方至之事○釋曰在此者按其職云掌達天下之道路通其財利同其數器故注云主合同四方之事故亦連數在此也

訓方氏中士四人府四人史四人胥四人徒四十人訓道也主教道四方之民○道音導下同〔疏〕注訓道至之民○釋曰在此者按其職云掌道四方之政事與其上下之志誦四方之傳道故注云教導四方之民故連類在此也

形方氏中士四人府四人史四人胥四人徒

四十八人形方氏主制四方邦國之形體〔疏〕注形方至形體○釋曰在此者按其職云掌制邦國之地域而正其封疆故注云主制四方邦國之形體故連類在此○

山師中士二人下士四人府二人史四人胥四人徒四十人〔疏〕山師○釋曰在此者按其職云掌山林之名辨其物與其利害而頒之于邦國使致其珍異之物按王制云名山大澤不以封故天子立山師以遂掌之使貢故與職方亦連類在此也

川師中士二人下士四人府二人史四人胥四人徒四十人〔疏〕川師○釋曰在此者按其職與山師同故亦連類在此

邍師中士四人下士八人府四人史八人胥八人徒八十人邍地之廣平者○邍音原〔疏〕注邍地之廣平者○釋曰在此者按其職云掌四方之地名辨其丘陵墳衍原隰之名故連類在此也注云邍地之廣平者爾雅文也

匡人中士四人史四人徒八人匡正也主正諸侯以法則〔疏〕匡人至八人○釋曰在此者按其職云掌達法則匡邦國而觀其慝使無敢反側以聽王命注云王正諸侯以法則故連類在此也

撢人中士四人史四人徒八人撢人主撢序王意以語天下○撢他南反與探同語魚據反〔疏〕注撢人至天下○釋曰在此者按其職云掌誦王志道國之政事以巡天下之邦國而語之故注云主撢序王意以語天下故連類在此也

都司馬每都上士二人中士四人下士八人府二人史八人胥八人徒八十人都王子弟所封及三公采地也司馬主其軍賦〔疏〕都司至十八人○釋曰言每都上士二人已下者此王自以臣爲司馬遥掌都内故其職云掌都之士庶子及其衆庶車馬兵甲之戒令聽於國司馬既是軍故在此也○注都王至軍賦○釋曰鄭據何知都惟有王子

弟所封及三公采地不通鄉大夫者按司裘云諸侯則共熊侯豹侯卿大夫則共麋侯卿不入諸侯之中故知義然云司馬主其軍賦者即司馬法云成出士十人徒二十人之等並是都司馬所主也

家司馬各使其臣以正於公司馬家卿大夫采地正猶聽也公司馬國司馬也卿大夫之采地王不特置司馬各自使其家臣爲司馬主其地之軍賦往聽政於王之司馬王之司馬其以王命來有事則曰國司馬　疏　注家卿至司馬○釋曰云家卿大夫采地者按載師職家邑任稍地謂大夫采地小都任縣地謂卿之采地大都任疆地謂三公采地則鄉入小都中今此經直言家而小都入家中不在上都中者司馬主軍事嚴凝爲主須辨尊卑故依司裘卿與大夫不得稱諸侯者爲家又不使王臣爲之也若然都宗人家宗人及都士家士皆使王臣爲之者都家宗人有祖王之廟九皇六十四民王所當祭故使王臣爲之都家之士以獄訟刑罪王政之重非王臣不決故亦使王臣爲之但非嚴凝故鄉入都耳云王之司馬其以王命來有事則曰國司馬者其職云以聽於國司馬對此從下向上則曰公司馬

○周禮注疏二十八卷終

周禮注疏卷二十八挍勘記　阮元撰盧宣旬摘錄

附釋音周禮注疏卷第二十八

夏官司馬第四　唐石經作第七非

令復增置三行　浦鏜云今誤令

二十五人爲兩　唐石經作廿有五人爲兩諸本皆脫有字

卒一旅　閩監毛本同誤也嘉靖本作卒一族當據正

自鄉以下　余本岳本嘉靖本同閩監毛本鄉作卿誤疏中同

既儆既戒　釋文儆本亦作敬按作敬者當是依毛詩所改非也

此周爲六軍之見于經也　釋文見於賢遍反下同今諸本於作于非下見於傳同注皆用於字

然當公之時其實二軍 浦鏜云公上當脱僖字

則中間應有合文 閩本同合當爲含之訛監毛本誤令注詩爲三軍者此言詩箋爲三軍耳

毛本幷誤特甚

叔孫昭子曰 浦鏜云穆誤昭

鄭荅林碩爲二萬之大數者 盧文弨云詩閟宫正義二萬作二軍是

整六卿大夫及州長黨正 閩本同監毛本整作據按此卿當爲鄉下據在卿時同

掌其戒令賞罰 補此下十行本實缺七格

以世爲霸主 宋本世作其

雖有累萬之衆皆聽師 浦鏜云聽當稱字誤

言衆舉中言之也 盧文弨云言衆當作言師

言軍以軍爲名浦鏜云上軍爲多之誤

賞賚整齊之等閩本賚作齎毛本作賫監本訛賚○案齎賚正俗字

小子史一人諸本同唐石經缺監本誤二人石經考文提要云宋本九經宋纂圖互注本宋附釋音本皆作一人

又祭祀割牲等之事惠校本又作及此誤

今燕俗名湯熱爲觀按此觀當作爟

王公設險以守其國玉海職官部引此作守其固監本疏中此國字剜改

掌疆補各本皆提行分節此本誤連上節今訂正

環猶卻也漢讀考云此環讀爲往還之還秋官環人讀爲環繞之環

皆爲軍事按在此也浦鏜云按當故字誤

能以羅罔捕鳥者　釋文作搏鳥云本又作捕○按漢人搏字讀若今之捕

掌羅烏鳥　浦鏜云烏鳥之誤

掌養鳥而阜蕃教擾之　毛本作阜蕃當據正

彼稱諸子謂之庶子　惠挍本稱作據

鄭云世爲王節所衣服　補　毛本服下有者字

故知官有世功則曰官旅　諸本同按此旅亦族之訛

祭僕中士六人御僕下士十有二人　唐石經諸本皆合大僕爲一節與注合宋本嘉靖本祭僕御僕皆提行分節非○按此亦春官大師樂師瞽矇眂瞭合爲一條之例以府史胥徒四職所同也此府史胥徒亦大僕祭僕御僕所同

及庶氏之復　浦鏜云民誤氏

以其事褻　余本監毛本同嘉靖本閩本褻作藝按葉鈔釋文作褻

按禮記郊特牲及士冠記　惠挍本作士冠禮又云宋本是記字○按今見儀禮士冠禮記中

稾人胥二八　唐石經余本岳本嘉靖本同閩監毛本稾作槀非注及疏同釋文亦作槀從木閩本二字壞缺監毛本遂誤爲一

槀讀爲芻槀之槀箭幹謂之槀　余本岳本嘉靖本同閩監毛本槀並作稾案芻稾之稾字當從禾稾讀及箭幹謂之槀二槀字仍從木讀爲當作讀如此擬其音如芻稾耳箭幹字則作槀也經義雜記云說文木部槀枯也枯即肅愼氏貢枯矢之枯儀禮以笴爲矢幹字而說文竹部無之然則箭幹字本作槀矣考工記及矢人準此○按前說非也枯槀之槀从木讀爲芻稾之稾則易其字矣禾稾者莖也箭幹亦莖也故箭幹之槀即禾稾引伸之義也作枯槀字則無義矣槀枯也又木名也經義雜記合爲一義誤矣易爲稾字而後曰箭幹

謂之槀注倒如此倘作謂之槀則不當言讀爲矣凡枯槁字苦浩切凡禾槁字古老切經典釋文以及各韻書皆如此此經釋文曰槀古老反依鄭易字之音也

釋曰在此者職云八　閩本者下剜擠按其二字監毛本排

兼主弓弩矢服等　閩本剜改服爲箙監毛本承之

右者參乘　閩監本同誤也余本嘉靖本毛本右作古當據以訂正此本及毛本疏中引注亦作古惠挍本同

則射者左　惠挍本者下有在

按巾車玉路有五　浦鏜云王誤玉

是以六褻之中　浦鏜云藝誤褻

又戎右大夫　浦鏜云大夫上脫中

充金路爲玉　閩本同誤也監毛本金作玉玉作主當據正

以其御玉路以祀　毛本玉誤王

按上齊右見下至齊僕　浦鏜云見當巳字誤

校之爲言校也　余本作校之爲言挍也下校視亦作挍視案釋文云校人戶教反字從木若從手旁作是比校之字耳今人多亂之注校之校人同然則言校校視皆當作手旁比挍之字矣賈疏則讀爲效○按依釋文注作校之爲言挍也文理甚明然比挍字出於後代說文所無

蹶維趣馬　嘉靖本維作惟當訂正按毛詩作維三家詩作惟釋文出蹶惟二字賈疏引注作惟是也諸本作維非

在者　補閩監毛本作在此者此本誤脫此字

巫言無祟　毛本作無祟當據正

度之言數 監本下有也疏中標注同按釋文數也色主反是陸本有也字

圉師至二八 閩監毛本作一八此誤

故連類在此 閩監毛本下有也

主擇序主意 余本閩本同嘉靖本監毛本下主作王疏中準此按賈疏引其職掌誦王志云云以釋此注則當從嘉靖本作王余本作主誤也

家司馬各使其臣以正於公司馬 沈彤周官祿田考云以序官家司馬各使其臣以正於公司馬之文移在都司馬本職後家司馬亦如之之文移在序官都司馬後是家司馬亦如之即謂每家上中下士府史胥徒如都司馬之數矣蓋此本與春官家宗人秋官家士二目同例而其簡與職互錯也

周禮注疏卷二十八挍勘記終

南昌袁泰開挍

附釋音周禮注疏卷第二十九

鄭氏注　　賈公彥疏

大司馬之職掌建邦國之九灋以佐王平邦國平成也正也疏大司至邦國○釋曰此九法已下皆言邦國則施於諸侯爲主故云邦國也云以佐王平邦國者九法以糾察諸侯使之成正故以平言之也但此九法據殷同之時建之故大行人云殷同以施天下之政注云政謂邦國之九法則殷同之時司馬明布告之故云建也制畿封國以正邦國封謂立封於疆爲界○畿音祈疏制畿至邦國○釋曰謂制諸侯五百四百里之等各有封疆界分乃得正故云以正邦國設儀辨位以等邦國儀謂諸侯及諸臣之儀辨別也別尊卑之位○別彼列反下皆同疏注儀謂至之位○釋曰鄭知儀中有諸侯及諸臣者以此經云等邦國按大行人云以九儀辨諸侯之命等諸臣之爵鄭云九儀謂命者五公侯伯子男也爵者四孤卿大夫士也知九儀中唯有諸侯諸臣無天子之

臣按大宗伯云以九儀之命正邦國之位注云每命異儀則九儀之中謂一命以至九命之儀其中有六命八命并九命作伯兼有王臣則與此異也

進賢興功以作邦國興猶舉也作起也起其勸善樂業之心使不惰廢○樂業如字又音洛一音五教反

（疏）進賢至邦國○釋曰進賢諸臣舊在位有德行者并草萊有德行未遇爵命者進之使稱才任用與舉也臣有功者舉之亦使任用作起也以臣有賢有功舉之與官則起邦國之內勸善樂業之心使不惰廢善業也

建牧立監以維邦國牧州牧也監監一國謂君也維猶連結也○監古銜反

（疏）建牧至邦國○釋曰二百一十國以爲州州有牧使維持諸侯又一國立一監以監察一國上下相維故云以維邦國也此則大宰云建其牧立其監亦一也

制軍詰禁以糾邦國詰猶窮治也糾猶正也○詰去吉反

（疏）制軍至邦國○釋曰按上文大國三軍次國二軍小國一軍也詰禁者按士師有五禁天子禮此諸侯國亦當有五禁以相窮治相糾正故云以糾邦國也

施貢分職以任邦國職謂職稅也任猶事也事以其力之所堪

（疏）施貢至邦國○釋曰施貢多

少據國地大小故地官大國貢半次國三之一小國四之一皆
由天子施之此大宰九貢并小行人春令入貢皆是歲之常
貢與大行人因朝而貢者異也分職者即大宰所云九職是
也彼據畿內此據諸侯諸侯邦國亦由天子分之使民有職
業因使稅之所稅者市之以充貢君然言貢據向天子而言
云稅據民所爲爲說事相因皆所以任邦國故云以任邦國
也

簡稽鄉民以用邦國簡謂比數之稽猶計也○鄉許亮反 **疏** 簡稽至邦國○釋曰注云簡謂比數之稽猶計也謂比數計會鄉民而用之故云以用邦國也

均守平則以安邦國諸侯有土地者均之尊者守大卑者守小則法也 **疏** 均守至邦國○釋曰言均守謂五等諸侯有五等受地五百里已下是均守也平則者則法也謂五等職貢之等皆有常法邦國獲安故云以安邦國

比小事大以和邦國比猶親使大國親小國小國事大國相合和也易比象曰先王以建萬國親諸侯○比吡志反注同 **疏** 注比猶至諸侯○釋曰按司儀有五等諸侯自相爲賓亦有五等諸侯之臣相爲國客按春秋有小國朝大國大國聘小國故鄭云使大國親小國釋經比小也云小國事大國釋經事大使相合和故

云以和邦國也引易比象者其卦坤下坎上坤爲土坎爲水水得土而流土得水而柔是水土和合故象先王建萬國親諸侯謂法卦行事使諸侯相親引之者證比小事大之義

以九伐之灋正邦國

諸侯有違王命則出兵以征伐之所以正之也諸侯之于國如樹木之有根本是以言伐云○伐如字劉扶發反

（疏）注諸侯至伐云○釋曰鄭云諸侯有違王命則出兵以征伐之所以正之也者此經與下文爲目則下九者皆是違王命者也若然按下文九者唯有賊賢害民一者稱伐其餘八者皆不言伐此經摠言伐者侵滅二者亦是伐之例其餘六者皆先以兵加其境服乃眚之墠之削之正之殘之杜之故皆以伐言之云諸侯之於國如樹木之有根本是以言伐云者按月令孟夏云無伐大樹孔子云伐一木不以其時非孝子是樹木稱伐此九伐施於邦國在於時會之時是以大行人云時會以發四方之禁注云禁謂九伐之法是當時會者也

馮弱犯寡則眚之

馮猶乘陵也言不字小而侵侮之眚猶人眚瘦也王霸記曰四面削其地○馮皮冰反眚所景反瘦所又反

（疏）注馮猶至其地○釋曰云馮弱據以强陵弱云犯寡據以大侵小如此者眚瘦其地使不得强大也引王霸記者其記王及霸

事者云四面削其地者對下文削之者示四面削之爲異也

賊賢害民則伐之

春秋傳曰粗者曰侵精者曰伐又曰有鍾鼓曰伐則伐者兵入其竟鳴鍾鼓以往所以聲其罪○粗音麤本亦作麤竟音境

疏注春秋至其罪○釋曰云賊賢者亂王所任同已者如此則賊虐諫輔故云賊賢也云害民者以君臣俱惡重賦多箝其民被害故曰害民如此者則聲鍾鼓伐之也引春秋傳者按莊十年二月公侵宋公羊傳曰觕者曰侵精者曰伐何休云觕麤也彼不言粗此言粗者鄭讀傳與何異觕即粗義亦同也又曰有鍾鼓曰伐者此莊二十九年夏鄭人侵許左氏傳曰凡師有鍾鼓曰伐無曰侵引此二者皆證侵輕伐重之義也

暴內陵外則壇之

內謂其國外謂諸侯壇讀如同墠之墠王霸記曰置之空墠之地鄭司農云壇讀從憚之以威之之憚書亦或爲墠玄謂置之空墠以出其君更立其次賢者○壇依注作墠音善憚之以徒旦反下同本或無無之字

疏暴內至壇之○釋曰暴內即上云賊賢害民是也陵外即上云馮弱犯寡是也上二文各有其一故伐之眚之不奪其位此則外內之惡兼有故壇之奪其位立其次賢○注內謂至賢者○釋曰鄭云讀如同墠之墠從金滕三壇同墠之墠取其除地曰墠謂

置之空地先鄭讀從憚之以威之憚此罪既重而直憚之於義不可故後鄭還從王霸記爲正鄭知立其次賢者以其古者不滅國故知更立次已下賢子弟

野荒民散則削之荒蕪也田不治民不附削其地明其不能有○蕪音無

疏野荒民散則削之○釋曰古者量地以制邑度地以居民地邑民居必參相得無曠土無遊民今言野荒民散由君政惡民並適彼樂國故民散而野荒是其君不能有故削之

負固不服則侵之負猶恃也固險可依以固者也不服不事大也侵之者兵加其竟而已用兵淺者詩曰密人不恭敢距大邦

疏負固不服則侵之○釋曰謂倚恃險固不服事大國則以兵侵之使弱其勢也○注負猶至大邦○釋曰云固險可依以固者也者謂若僖四年楚屈完云楚國方城以爲城漢水以爲池雖君之衆無所用之是其負固不服也云不服不事大即上云比小事大是其服者也云用兵淺者對伐是用兵深者以其罪輕直侵之而已也詩云者大雅皇矣篇引之者證不服也

賊殺其親則正之正之者執而治其罪王霸記曰正殺之也春秋僖二十八年冬晉人執衛侯歸之于京師坐殺其弟叔武○坐才卧反

疏注正之至叔武

釋曰鄭云正之者執而治其罪者其正未必即是殺但賊殺其親其罪尤重故以正爲殺解之是以王霸記以正爲殺也引晉人執衛侯歸于京師京師據洛邑而言也云坐殺其弟叔武者按彼傳晉侯伐衛衛公出奔楚晉侯敗楚於城濮其弟以受盟既受盟國則無罪衛侯即入將入與弟叔武爲期衛侯先期入叔武將沐聞君至喜捉髮走出前驅歂犬射而殺之衛侯知其無罪枕之股而哭之元咺舊在國是叔武黨見衛侯殺弟遂訴衛侯於晉晉以衛侯有罪諸侯不相治罪遂執衛侯歸于京師時使醫衍酖衛侯甯俞貨醫衍薄其酖不死是坐殺弟合正之事也

放弑其君則殘之放逐也殘殺也王霸記曰殘滅其爲惡○弑本又作殺同音試

（疏）注放逐至爲惡○釋曰鄭以逐解放則若季氏逐昭公之類是也鄭雖不解弑弑其君則若慶父弑二君及崔杼弑君之類是也鄭云殘殺者以殺解殘也經本不云殺不云滅云殘者蓋取殘賊殺之殺之苦毒故尚書梓材云戕敗人宥注戕殘也又云無胥戕無胥虐注云無相殘賊無相暴虐是戕爲殘賊也異義鄭君以爲左氏宣十八年秋七月云邾人戕鄫子于鄫傳曰凡自內虐其君曰弑自外曰戕即邾人戕鄫子是也自內弑其君曰弑者晉人弑其君州蒲是也雖他國君不加虐亦曰殺若加虐殺

之乃謂之戕之取殘賊之意也若自上殺下及兩下自相殺之等皆曰殺若然此經云殘者是加虐殺之雖非他國君至於賊臣亦云殘也

犯令陵政則杜之

令猶命也王霸記曰犯令者違命也陵政者輕政法不循也杜之者杜塞使不得與鄰國交通

疏注令猶至交通○釋曰鄭訓令爲命者欲就王霸記之命解之爲王命之意也但犯命陵政是不受上命不通之事故還杜塞之使不與四鄰交通

外內亂鳥獸行則滅之

王霸記曰悖人倫外內無以異於禽獸不可親百姓則誅滅去之也曲禮曰夫唯禽獸無禮故父子聚麀○行下孟反悖必內反去起呂反呿音符麀於牛反牝鹿也

疏注王霸至聚麀○釋曰外亂謂若齊襄公淫於外魯桓夫人文姜之等是也內亂謂家內若衛宣公上烝父妾下納子妻之等是也引曲禮者鹿之父子聚麀獸之亂不言鳥之亂義可知故畧而不言也拔春秋公羊左氏說凡征戰有六等謂侵戰伐圍入滅用兵麤觕不聲鍾鼓入境而已謂之侵侵而不服則戰之謂兩陳交刃戰而不服則伐之謂用兵精而聲鍾鼓伐而不服則圍之謂市其四郭圍而不服則入之謂入其四郭取人民不有其地入而不服則滅之謂取其君此皆舉重而言假令先入後滅書入舉重已外

盡然正月之吉始和布政于邦國都鄙乃縣政象之灋于象魏使萬民觀政象挾日而斂之以正月朔日布王政於天下至正歲又縣政法之書挾日十日也○縣音玄注同治直吏反挾子協反〔疏〕正月至斂之○釋曰正月謂周正建子之月之吉謂朔日始和凡政有故言始和者若改造云耳布政于邦國都鄙者謂上九法九伐并下凡令以下皆此時布之邦國據畿外都鄙據畿內不言鄉遂及公邑布政可知此則徧天下也云乃縣已下亦謂正歲乃縣之一與大宰同不復具釋也乃以九畿之籍施邦國之政職方千里曰國畿其外方五百里曰侯畿又其外方五百里曰甸畿又其外方五百里曰男畿又其外方五百里曰采畿又其外方五百里曰衞畿又其外方五百里曰蠻畿又

其外方五百里曰夷畿又其外方五百里曰鎭畿又其外方五百里曰蕃畿畿猶限也自王城以外五千里爲界有分限者九籍其禮差之書也政職所共王政之職謂賦稅也故書畿爲近鄭司農云近當言畿春秋傳曰天子一畿列國一同詩殷頌曰邦畿千里維民所止○乃以至蕃畿分符問反共音恭凡供字皆作共後倣此〔疏〕釋曰乃以九畿之籍者謂以面五千里爲九畿皆有典籍之書今大司馬以此籍書施其政職之事於邦國諸侯也云方千里曰國畿者此據王畿內千里而言非九畿之畿但九畿以此國畿爲本向外每五百里加爲一畿也云侯者侯也爲天子伺侯非常也云甸者爲天子治田以出賦貢云男者任也任王者之職事云采者采取美物以共天子云衞者爲天子衞守云蠻者縻也以近夷狄縻繫之以政教自此已上六服是中國之九州自此已外是夷狄之諸侯此蠻服出大司徒云要服亦一也言要者亦見要束以文教也云夷者以夷狄而得夷稱也云鎭者蓋中國稍遠理須鎭守云蕃者以其最遠故得蕃屛之稱此三服揔號蕃服故大行人云九州之外謂之蕃國世一見指此三服也此云者衞服之內各舉一邊而言其實

通稱唯蠻服以外直據彼爲號不通中國之言也○注畿猶至所止○釋曰云王城以外五千里爲界者兩面相距則方萬里此則易之一君二民之地若然堯舜之時固應萬里而五服面二千五百里兩面相距止有五千里無萬里者此據未治洪水時服各五百里至禹治洪水之後弼成五服服加五百則亦萬里若孔君義則不然若據鳥飛直路此周之九服亦止五千若隨山川屈曲則禹貢亦萬里彼此不異也云九籍其禮差之書也者諸侯賦貢多少有常則大國貢半次國三之一小國四之一是其禮差也云政職所共王政之職謂賦稅也者按大宰云以九職任萬民據畿內此九職亦施與邦國則此政職也但施職事與之使萬民勤職而出賦稅諸侯得之以半與三之一四之一市取土毛以貢之則禹貢篚貢是也據民而出謂之賦稅據諸侯所送謂之貢也引春秋傳者按襄二十五年鄭子產對晉云昔天子之地一圻列國一同今大國多數圻矣若無侵小何以至焉殷頌邦畿千里是殷頌玄鳥詩之言引此二者證王畿千里之義

凡令賦以地與民制之上地食者參之二其民可用者家三人中地食者半其民可用者二

家五人下地食者參之一其民可用者家二人賦給軍用者也令邦國之賦亦以地之美惡民之衆寡爲制如六遂矣鄭司農云上地謂肥美田也食者參之二假令一家有三頭歲種二頭休其一頭下地食者參之一田薄惡者所休多○令力呈反〔疏〕凡令並二人○釋曰此文承上邦國之下而云令賦是還據邦國諸侯而說也此經有三等之地按小司徒注云有夫有婦然後爲家自二人以至於十人爲九等七六五者爲其中則地有上中下各分爲三等九等則十口食上上九口食上中八口食上下七人食中上六人食中中五人食中下四人食下上三人食下中二人食下下又按遂人上地夫一廛田百晦萊五十晦中地家二百晦下地家三百晦與此上地食者參之二合故鄭云邦國如六遂矣若然則上地是上下之地應家八人一人爲家長可任者當云家七人今云家三人者經欲互舉以明義故以中地之上家七人見出上地之下八人者明亦有上地之中上地之上又言下地食者參之一其民可用者家二人地即據下地之下人即據中地之下家五人者亦是互舉以明義故地舉其下人舉其中欲見亦有下內三等其地及人也先鄭云食者三之二假令一家有三頃歲種二頃休其一

頃者舉上地只應云一頃五十畮而云三頃者直取參之一舉整言之或并二家而說也

中春教振旅司馬以旗致民平列陳如戰之陳以旗者立旗期民於其下也兵者守國之備孔子曰以不教民戰是謂棄之兵者凶事不可空設因蒐狩而習之凡師出曰治兵入曰振旅皆習戰也四時各教民以其一焉春習振旅兵入收衆專於農平猶正也○中音仲下放此陳直覲反下之陳可陳陳前徇陳行陳巡陳皆同餘以意求之蒐所留反

（疏）注以旗至正也○釋曰鄭云以旗者立旗期民於其下也者謂大司馬素有田獵之期日今至期日立熊虎之旗於期處以集衆故云期民於其下云兵者守國之備者鄭欲解田獵者所以習兵故云兵者守國之備引孔子語欲見須田獵以教戰云兵者凶事者隱公傳文云不可空設因蒐狩而習之者蒐狩是田獵之名欲行蒐狩先芟草萊教戰訖乃入防田獵故云因蒐狩而習之是以書傳文戰鬬不可空習故於蒐狩以閑之閑之者習之是其習兵因蒐狩也云凡師出曰治兵入曰振旅皆習戰者按莊公八年正月師次於郎甲午祠兵公羊傳曰祠兵者何出曰祠兵注云禮兵不徒使故將出兵必祠於近郊陳兵習戰殺牲饗士卒又曰入曰振旅其禮一也皆

習戰也左氏說治兵於廟禮也注云三年而治兵與秋同名兵草將出故曰治兵穀梁傳亦云出曰治兵習戰也入曰振旅習戰也鄭玄於異義駁不從公羊云祠兵故云祠兵者公羊字之誤因而作說之亦不從左氏說治兵爲授兵於廟云於周司馬職曰仲夏教茇舍仲秋教治兵其下皆云如戰之陳仲冬教大閱脩戰法虞人萊所田之野乃爲之如是治兵之屬皆習戰非授兵於廟又無祠五兵之禮是以爾雅釋天云出爲治兵尚威武也入爲振旅反尊卑也言反尊卑者出則壯者在前老弱在後入則壯者在後老弱在前是以鄭此云振旅兵入收衆專於農也云四時各教民以其一焉者春教振旅夏教茇舍秋教治兵至冬大閱是各教民以一也

辨鼓鐸鐲鐃之用王執路鼓諸侯執賁鼓軍將執晉鼓師帥執提旅帥執鼙卒長執鐃兩司馬執鐸公司馬執鐲

鼓人職曰以路鼓鼓鬼享以賁鼓鼓軍事以晉鼓鼓金奏以金鐃止鼓以金鐸通鼓以金鐲節鼓鄭司農云辨鼓鐸鐲鐃之用謂鉦鐸之屬鐲讀如濁其源之濁鐃讀如讙嘵之嘵提讀如攝提之提謂馬上鼓有曲木提持鼓立馬髦上者故謂

之提杜子春云公司馬謂五人爲伍伍之司馬也玄謂王不執賁鼓尚之於諸侯也伍長謂之公司馬者雖卑。同其號○辨如字劉方免反鐸直各反鐲直角反鐃女交反賁扶云反將軍如字本或作軍將提徒兮反鼙薄兮反鉦音征讙火官反反嘵女交反攝提爾雅云大歲在寅曰攝提格〔疏〕辨鼓至執鐲○釋曰此春夏秋三時各教其一必春辨鼓鐸者鼓雷之類象仲春雷發聲於外言辨鼓鐸鐲鐃之用者此句與下文爲揔目也○注鼓人至其號○釋曰鄭引鼓人職者欲見鼓人有六鼓四金據本各依所用今此所用或有不依本者以其唯賁鼓鼓軍事是依本王執路鼓軍將執晉鼓等竝不依本用而在軍兼用也先鄭云辨鼓鐸鐲鐃之用謂鉦鐸之屬者按司馬法云十人之長執鉦百人之師執鐸千人之師執鼙萬人之主執大鼓義與此同故引之爲證也云鐲讀如濁其源之濁者此讀取音同之義濁其源者淮南子云濁其源其流不清故讀從之云鐃讀如讙嘵之嘵者從毛詩云以讙讙嘵嘵云提讀如攝提之提者從爾雅云寅爲攝提格取音同而已云提謂馬上鼓者此先鄭蓋據當時已有單騎舉以況周其實周時皆乘車無輕騎法也後鄭云王不執賁鼓尚之於諸侯也者按鼓人職賁鼓鼓軍事計王在軍自爲元帥自合執賁鼓今不執賁鼓者見諸侯因朝而來與王爲賓客故讓之使執賁鼓故云尚之於諸侯王既不用賁鼓而用路鼓者以其雷鼓靈鼓祭天地之鼓不敢用故用祭宗廟之路鼓也軍將用晉鼓者是鼓金奏與諸相應故也不用鼖鼓者鼓役事之鼓故不用云伍長謂之公司馬者雖卑同其號者按諸官大夫乃與大官同號宰夫已下并上士中士下士皆不得與大官同號今於序官大司馬之下上士得號行司馬及在軍二十五人長中士號兩司馬五人長下士號公司馬皆與大官同號者以司馬主軍軍事主嚴雖卑得同號也

以教坐作進退疾徐疏數之節 習戰法○疏數音朔下注疏數同

〔疏〕以教至之節○釋曰按下大閱禮備軍法虞人萊所田之野下又云中軍以鼙令鼓鼓人皆三鼓已下有此坐作進退疾徐疏數之節彼大閱具言於此畧說有此坐作之法此於教戰之處爲之故鄭云習戰法也

遂以蒐田有司表貉誓民鼓遂圍禁火弊獻禽以祭社 春田爲蒐有司大司徒也掌大田役治徒庶之政令表貉立表而貉祭也誓民誓以犯田法之罰也誓曰無干車無自後射立旌遂圍禁旌弊爭禽而不審者罰以假馬禁者虞衡守禽之厲禁也既誓令鼓而圍之遂蒐田

火弊火止也春田主用火因焚萊除陳草皆殺而火止獻猶致也屬也田止虞人植旌衆皆獻其所獲禽焉詩云言私其豵獻肩于公春田主祭社者土方施生也鄭司農云貉讀爲禡禡謂師祭也書亦或爲禡○貉莫駕反注同弊婢世反劉薄計反射食亦反下王射同豵子工反

（疏）遂以至祭社○釋曰按下大閱禮遂以狩田以下云以旌爲左右和之門羣吏各帥其車徒以敘和出左右陳車徒有司平之旣陳乃設驅逆之車有司表貉于陳前此亦當如彼但春非大備故亦畧言也言誓民者即下大閱禮羣吏聽誓於陳前鄭引月令司徒北面誓之是也云鼓者即下文中軍以鼙令鼓鼓人皆三鼓已下是也云遂圍禁者旣誓令鼓而圍之云火弊者謂田止也云獻禽以祭社者此因田獵而祭非月令仲春祭社也○注春田至爲禡○釋曰云春田爲蒐者蒐搜也春時鳥獸字乳搜擇取不孕任者故以蒐爲名云有司大司徒也者即大司徒職云大田役治其徒庶之政令故知有司是大司徒也云表貉立表而貉祭也者此即詩及爾雅云類也禡也師祭是也云誓民誓以犯田法之罰也者當司徒北面誓之時小子斬牲以左右巡陳也云誓曰無干車無自後射者此據漢田律而言無干車謂無干犯他車無自後射象戰陳不逐奔走又一解

云前人已射中禽後人不得復射彼又云無面傷之等象降者不逆擊之云立旌遂圍禁者旌則下文大閱禮云旗居卒閒者是也云旌弊者弊仆也田止旌則仆云爭禽而不審者罰以假馬者謂獲禽所算之籌罰者謂效功時爭禽不審即罰去其籌云禁者虞衡守禽之厲禁也者按山虞皆云使地之民守其厲禁謂遮厲之禁不得非時入也若然按地官川衡小田獵之所無厲禁之事言衡者川林或有與山澤連者則亦有厲禁之事故連言之也

中夏教茇舍如振旅之陳羣吏撰車徒讀書契辨號名之用帥以門名縣鄙各以其名家以號名鄉以州名野以邑名百官各象其事以辨軍之夜事其他皆如振旅

茇讀如萊沛之沛茇舍草止之也軍有草止之法撰讀曰算算車徒謂數擇之也讀書契以簿書校録軍實之凡要號名者徽識所以相別也鄉遂之屬謂之名家之屬謂之號百官之屬謂之事在國以表朝位在軍又象其制而爲之被之以備死事帥謂軍將及師帥旅帥至似長也以門名者所被

徽識如其在門所樹者也凡此言以也象也皆謂其制同耳軍將皆命卿古者軍將蓋爲營治於國門魯有東門襄仲宋有桐門右師皆上卿爲軍將者也縣鄙謂縣正鄙師至鄰長也家謂食采地者之臣也鄉以州名亦謂州長至比長也野謂公邑大夫百官以其職從王者此六者皆書其官與名氏焉門則襄仲右師明矣鄉則南鄉甄東鄉爲人是也其他象此云某某之名某某之號某某之事而已未盡聞也鄉遂大夫文錯不見以其素信于民不爲軍將或爲諸帥是以闕焉夜事戒夜守之事草止者慎於夜於是主别其部職○茇蒲末反撰息轉反又仕轉反注音算息綴反沛步末反一音具又普具反數色主反簿步古反後簿書皆放此識音志一音試下同朝位直遥反被皮僞反下同治直吏反比毗志反甄直僞反見賢遍反

疏　中夏至振旅○釋曰如振旅之陳者四時各教其一故春教振旅夏教茇舍但設經不可文文具設故云如振旅之陳皆轉相如也云羣吏撰車徒者羣吏謂軍將至伍長各有部分皆選擇其在車甲士三人步徒七十二人之等云讀書契者書契謂兵士簿書之要契此小宰之八成云師田以簡稽一也云辨號名者此帥以門名已下是也○注茇讀至部職○釋曰茇讀如萊沛之沛者按王制云居民山川沮澤注云沮謂萊沛時俗有水草謂之萊

沛故讀從之也云茇舍草止之也者以草釋茇以止釋舍故即云軍有草止之法云數擇之也者以解撰爲數擇取其善者云軍實之凡要者凡軍有三種或以俘囚爲軍實或以戈盾弓矢爲軍實或以禽牲爲軍實今此所云軍實者據兵器爲軍實凡要即名籍之總名也云號名者徽識者即上注三者旌旗之細者也云所以相别也者皆綴之於膊上以别死者也云鄉遂之屬謂之名者言之屬即經云縣鄙是遂之屬從縣鄙至鄰里州是鄉之屬從州至此長故言之屬以總之云家之屬謂之號者謂都家之內從大夫至士云百官之屬謂之事者從王朝六鄉已下至下士野以邑名鄭雖不言亦在鄉遂之例以其同是溝洫之人出軍出貢又等故知亦入名中也其號也名也事也三者據經而言云在國以表朝位者即覲禮云上介各奉其君之旂置于宫者是也云凡此言以也象也皆謂其制同耳者以謂若經云帥以門名已下至野以邑名已上五者皆言以也惟百官云象是以也象也此六者以象雖異其制則同皆小旌旗也云軍將皆命卿者欲解帥以門名之意止由卿居於國門使爲軍將故軍將得以門爲名云古者軍將蓋爲營治於國門者此解軍將得以門爲名者只由非常之急要在於門故使卿在門住而營治其門故也云魯有東門襄仲者按昭三十二年左傳云魯文公

甍而東門遂殺適立庶魯君於是乎失國公子遂字襄仲號爲東門只由居東門宋有桐門右師者按春秋左氏傳昭二十五年春叔孫婼聘於宋桐門右師見之注云右師宋師樂大心也其室居桐門故曰桐門右師是宋有桐門右師也引之證將帥得以門名之事經直云縣鄙鄭知鄰長者以其在軍之時從遂大夫已下至鄰長皆在今畧言縣鄙明皆有也云家謂食采地者之臣也者食采地是公卿大夫其身在朝其臣在采地若公山弗擾之類今隨王在軍故以家號爲名也鄉以州名亦謂州長至比長者亦如六遂自鄉大夫已下至比長皆在今畧舉州爲首也云野謂公邑大夫者謂爲四等公邑若載師職公邑自甸以出至五百里其長二百里三百里如州長四百里五百里如縣正長下皆有屬官在軍者皆以邑爲名云百官以其職從王者謂三百六十官各以其職事從王在軍若大宰下六十官隨其長從王皆以事爲號也云此六者皆書其官與名氏焉者六者謂經五以一象假令爲官則云大司徒下某官姓名某也云門則襄仲右師明矣者經直云師以門名恐直以門爲名不加官與名字諸官皆須名氏明門亦有官與氏名故云明矣云鄉則南鄉甄東鄉爲人是也者甄與爲人皆當時鄉名故舉以爲況云其他象此者此鄭畧舉門名與鄉名其他仍有縣鄙與家野百官

亦依此而稱焉云某某之名者即經云門縣鄙鄉野四者皆是某某之名謂若門名當云桐門右師之下某官某姓某甲之名三者皆放此云某某之號者即經云家以號名是也謂若曾之費邑即云費邑之下某官某姓某甲之號云某某之事者即經云百官各象其事謂若地官之下則云大司徒之下某官某姓某甲之事云未盡聞也者鄉來所釋六者略聞師以門名鄉以州名舉以爲況其餘未聞故云未盡聞也云鄉遂大夫文錯不見者此經六遂直云縣鄙不言遂六鄉言以州名雖見鄉亦不見鄉大夫之身其文交錯不見鄉遂大夫故云文錯不見也云以其素信於民者兵書孫子云素信者與衆相得是也舊素與民相信者必情義相得故鄉遂之官還使爲軍吏云不爲軍將或爲諸師是以闕焉者故孟子云因内政寄軍令則鄉遂大夫已下至比長鄰長皆因爲軍吏以領本民在上或別使人爲軍將則鄉遂大夫別領人爲師帥旅帥以下經在軍吏帥以門名之内故闕鄉遂大夫也必知有別使人爲軍將法者見外傳穆叔云天子作師公帥之以征不德詩曰周公東征四國是遑此並上公爲軍將詩云執斡有䖍以作六師此乃諸侯世子爲軍將田獵亦容如此於是時鄉遂大夫則爲諸師也若然按下文云師都載旜鄉遂載物注云鄉遂大夫或載旜或載物衆屬軍吏無所將也

者謂鄉遂大夫全無武用則諸帥亦不爲則是衆屬他軍吏已身全無所將故或載旜或載物不載旗義與此不違也云於是主別其部職者釋經以辨軍之夜事分别其當部當職不與外交雜也

遂以苗田如蒐夏田爲苗擇取不孕任者若治苗去不秀實者云車之灋車弊獻禽以享礿弊驅獸之車止也夏田主用車示所取物希皆殺而車止王制曰天子殺則下大綏諸侯殺則下小綏大夫殺則止佐車佐車止則百姓田獵礿宗廟之夏祭也冬夏田主于祭宗廟者陰陽始起象神之在內○礿餘若反孕羊證反去起呂反綏而誰反下同

疏遂以至享礿○釋曰在教戰之處辨號名既訖遂入防行苗田之法云如蒐之法者如上蒐時有司表貉誓民令鼓遂圍禁之等云車弊及以享礿二者則與春異以其春時火弊祭社此時車弊享礿也○注夏田至在內○釋曰以其春夏爲陽主其生長故春田爲蒐搜取不孕任者夏田爲苗若治苗去不秀實者其義但春時主孚乳故以不孕任解之也云車弊驅獸之車止也者夏田主用車示所取物希者春秋左氏傳云彼徒我車懼其侵軼我也是車行遲取獸少故知用車示取物希也引王制曰天子殺則下大綏已下據殺訖而言毛詩傳云天子發抗大綏諸侯發

抗小綏者據始殺而言也云大夫殺則止佐車王制注佐車驅逆之車拔田僕云掌佐車之設驅逆之車佐車似與驅逆之車別者但王制佐車與田僕驅逆之車爲一其田僕佐車自是田車之貳曰佐佐文雖同其義則異也若然驅逆之車言佐者能逐禽故以佐言之云礿宗廟之夏祭也者大宗伯文云冬夏田主於祭宗廟陰陽始報象神之在内者仲冬一陽生仲夏一陰生是陰陽在内故神象之而行祭也此祭因田獵獻禽爲祭若正祭自在孟月

中秋教治兵如振旅之陳（疏）中秋至之陳○釋曰言教治兵者凡兵出曰治兵入曰振旅春以入兵爲名尚農事秋以出兵爲名秋嚴尚威故也云如振旅之陳者如春振旅時坐作進退疾徐疏數之法也

辨旗物之用王載大常諸侯載旂軍吏載旗師都載旜鄉遂載物郊野載旐百官載旟各書其事與其號焉其他皆如振旅軍吏諸軍帥也師都遂大夫也鄉遂鄉大夫也或載旜或載物衆屬軍吏無所將也郊謂鄉遂之州長縣正以下也野謂公邑大夫載旐者以其將羨卒也百

官卿大夫也載旟者以其屬衛王也凡旌旗有軍旅者畫異物無者帛而已書當爲畫事也號也皆畫以雲氣○書音畫出注氣本或作乞同〔疏〕辨旗至振旅○釋曰按下文注以出軍之旗則如秋則此經是在軍旌旗也云各書其事與其號焉者此二者即是仲夏百官各象其事及號名之等此秋雖不具辨號名以畧衆之見四時皆有此物也云其他皆如振旅者亦謂坐作進退疾徐之法如振旅之陳也○注軍吏至雲氣○釋曰云軍吏諸軍帥也者亦謂從軍將至下伍長皆是軍吏也云師都遂大夫也鄉遂○鄉大夫也者按司常云孤卿建旜大夫士建物則鄉遂大夫是卿建旜是其常師都載旜不嫌無鄉大夫故鄭直舉鄉遂大夫也云鄉遂大夫者以其遂大夫是中大夫建物是其常今鄉遂建物不嫌無遂大夫故鄭直舉鄉大夫也云或載旜或載物衆屬軍吏無所將也者鄉遂大夫若爲軍將則在軍吏載旗軍中領衆來時亦載旗今載旜載物不載旗故知已之所管之衆屬他軍吏已無所將以其已無武用非直不爲軍將亦不爲諸帥故全無所將以是載旜載物而已若然既不爲軍吏遂大夫上得與卿同載旜鄉大夫則是卿下得與大夫同載物也以鄉遂大夫掌衆同故同載物也俱兩載者以其不爲軍將又不任鄉職卿大夫尊卑之常當載旜載物而已故容其兩載也

云郊謂鄉遂之州長縣正以下也者郊內有六鄉州長已下郊外有六遂縣正已下故知言郊有此二等人也云野謂公邑大夫者按載師職云公邑之田任甸地郊外曰甸甸則郊外曰野故以野言之但公邑自甸以出至𤲞五百里有四等公邑皆有大夫治之故司馬法云二百里如州長四百里五百里如縣正是公邑大夫也云載旗者以其將羨卒也者以其六鄉之內上劑致民一家一人爲正卒其餘皆爲羨卒六遂之內下劑致民家一人爲正卒一人爲羨卒其餘爲餘夫正卒既屬軍吏其餘羨卒使此州長已下等不爲軍吏者領之但公邑之內雖不見有出軍之法若出軍亦不當與鄉遂同以其得爲溝洫法故也若出軍亦正卒使大夫等爲軍吏其餘羨卒亦使不爲軍吏者領之云百官卿大夫也載旟者以其屬衛王也者以其天地四時之卿大夫其屬各六十有選當行衛守王者即是有衆故載鳥隼之旟云凡旌旗有軍衆者畫異物者即經天子諸侯軍吏郊野百官是也云無者帛而已者鄉遂載旜物是也云書當爲畫事也號也皆畫以雲氣者事即上百官言事號即上家言號不言名此亦有名文畧耳云畫以雲氣者鄭解經典言畫者皆以雲解之謂畫五色雲也

遂以獮田如蒐田之灋羅弊致禽以祀

祊秋田爲獮，獮，殺也。羅弊，罔止也。秋田主用罔，中殺者多也。皆殺而罔止。祊當爲方，聲之誤也。秋田主祭四方，報成萬物。詩曰：以社以方。○獮，息淺反。祊，音方，出注。皆殺，如字，劉色界反。【疏】遂以至祀祊○釋曰：上文教載旗旜以物訖，遂入防行獮田之禮，其法如蒐田之法。云羅弊致禽以祀祊者，秋田主用羅，羅止田畢，入國過郊之神位，乃致禽以祀四方之神。○注秋田至以方○釋曰：云祊當爲方，聲之誤也者，以祊乃是廟門之外內，惟因祭宗廟及明日繹祭乃爲祊祭，今既因秋田而祭，當是祭四方之神，故云誤也。云秋田主祭四方報成萬物者，以秋物成四方神之功，故報祭之。云詩曰以社以方者，詩大雅，引之證方是四方之神也。

中冬教大閱

春辨鼓鐸，夏辨號名，秋辨旗物，至冬大閱，簡軍實。凡頒旗物，以出軍之旗則如秋，以尊卑之常則如冬。司常左司馬時也。大閱，備軍禮，而旌旗不如出軍之時，空辟實。○閱，音悅。辟，音避。【疏】中冬教大閱○釋曰：以冬時農隙，故大簡閱軍實之凡要也。○注春辨至辟實○釋曰：云春辨鼓鐸已下，欲見春夏秋各教其一，至冬大閱之時揔教之，故云至冬大閱軍實。云凡頒旗物以出軍之旗則如秋，以尊卑之常則如冬，司常佐司馬時也者，以其王與諸侯所建秋冬同，又秋云軍吏建旗，師都載旜，鄉遂載物，郊野載旜百官載旟不言旞旌二者以其是出軍之法故不言道車游車所載大閱之時見尊卑之常故司常云孤卿建旜大夫士建物師都建旗州里建旟縣鄙建旐道車載旞游車載旌此爲異也鄭云大閱備軍禮而旌旗不如出軍之時空辟實者大閱雖備禮是教戰非實出軍法是其空也秋教治兵治兵是出軍法故寄出軍之旗於彼是冬之空辟實出軍法者也趙商問巾車職建大麾以田注田四時田獵商按大司馬職四時皆建大常何鄭荅曰麾夏之正色田雖習戰春夏尚生其時宜入兵夏本不以兵得天下故建其正色以春夏田至秋冬出兵之時乃建大常趙商又問巾車職曰建大白以即戎注云謂兵事司馬職仲秋辨其物以治兵王建大常注凡頒物以出軍之旗則如秋不知大白以即戎爲何時荅曰白者殷之正色王即戎者或命將或勞師不自將也不自親將故建先王之正色異於親自將也

前期羣吏戒衆庶脩戰灋羣吏鄉師以下

疏注羣吏鄉師以下○釋曰言前期者謂若大宰職云前期十日此亦在教戰前不必要十日前也知羣吏鄉師以下者見鄉師職云凡四時之田前期出田法于州里簡其鼓鐸旗物兵器脩其卒伍是其事也言鄉師以下則不及鄉鄉是鄉大夫則卿也則可及州長故州長職云若國作民而師田行

役之事則帥而致之掌其戒令與其賞罰黨正云凡作民而師田行役則以其法治其政事族師亦云若作民而師田行役則合其卒伍簡其兵器以鼓鐸旗物帥而至是其以下之事也

虞人萊所田之野為表百步則一為三表又五十步為一表田之日司馬建旗于後表之中羣吏以旗物鼓鐸鐲鐃各帥其民而致質明弊旗誅後至者乃陳車徒如戰之陳皆坐

鄭司農云虞人萊所田之野芟除其草萊令車得驅馳詩曰田卒汙萊玄謂萊芟除可陳之處後表之中五十步表之中央表所以識正行列也四表積二百五十步左右之廣當容三軍步數未聞致致之司馬質正也弊仆也皆坐當聽誓○芟所銜反令力呈反下令走同卒子律反汙音烏行戶剛反下行列陳皆同仆音赴

〔疏〕虞人至皆坐○釋曰虞人者若田在澤澤虞若田在山山虞謂使其地之民於可陳之處芟除草萊故云萊所田之野云為表百步則一為三表者按下注引月令司徒北面以誓之此經云

司馬建旗於後表之中車徒皆坐則此於可陳之中從南頭立表以北頭爲後表也○注鄭司至聽誓○釋曰先鄭云虞人萊所田之野芟除其草萊令車得驅馳者謂芟除其田獵之處故云令車得驅馳引詩者證田虞草萊按王制云昆蟲未蟄不以火田則仲冬之時放火田獵何須芟除草萊是以車攻詩毛傳云大芟草以爲防然後焚而射焉是田虞不得芟草萊故後鄭易之以爲芟除可陳之處云後表之中五十步表之中央者謂從南表至北表云表所以識正行列也者於可陳之中央立此四表表兩相各有三軍之衆至表則間一而坐坐而更起是表正行列也云積二百五十步者以三表之間有二百步又加一表五十步故摠爲二百五十步也云左右之廣當容三軍者天子六軍左右之地各容三軍此鄭據天子六軍整數而言其實兼羨卒之等故小司徒職云凡起徒役無過家一人惟田與追胥竭作鄭云國人盡行是非止六鄉之民六軍而已云步數未聞者但先南北二百五十步東西不言步數故云未聞也云皆坐當聽誓者下文即云聽誓於陳前故先當聽誓也

羣吏聽誓于陳前斬牲以左右徇陳曰不用命者斬之羣吏諸軍帥也陳前南面鄉表也月令季秋天子教于田

獮以習五戎司徒搢扑北面以誓之此大閱禮實正歲之中冬而說季秋之政於周爲中冬爲月令者失之矣斬牲者小子也凡誓之大略甘誓湯誓之屬是也○鄭許亮反搢劉如字又音箭一音初洽反扑普卜反甘如字劉胡甘反

疏

羣吏至斬之○釋曰云羣吏聽誓於陳前者士卒皆於後表北面坐羣吏諸軍帥皆在士卒前南面立以聽誓云斬牲以左右徇陳者從表左右向外以徇陳○注羣吏至是也○釋曰云羣吏諸軍帥者從軍將以至伍長謂象軍吏建旗者也引月令者證所誓者是司徒使司徒誓者此軍吏及士本是六鄉之民今雖屬司馬猶是已之民衆故使司徒誓之也云此大閱禮實正歲之中冬者周雖建子爲正及其行事皆用夏之正歲則此經中夏中春中秋中冬皆據夏法也云而說季秋之政於周爲中冬爲月令者失之矣呂不韋作月令者以爲此經中冬爲周之中冬當夏之季秋故說於季秋是失之矣按月令季秋云是月也天子乃教於田獵以習五戎班馬政云云注引中秋教治兵法王載大常已下爲證不云失至此乃以月令是中冬教大閱法而言爲月令者先鄭君兩解之以其云司徒誓衆與此誓衆之等同故爲大閱彼爲治兵法者以彼文授車以等級乃命主祠祭于四方又與中秋治兵者同故彼爲治兵法也云斬牲者小子職云凡師田

斬牲以左右徇陳是也云凡誓之大畧甘誓湯誓之屬是也者甘誓是啓與有扈戰湯誓是湯伐桀誓衆辭言之屬者仍有大誓費誓之等故云之屬

中軍以鼙令鼓鼓人皆三鼓司馬振鐸羣吏作旗車徒皆作鼓行鳴鐲車徒皆行及表乃止三鼓摝鐸羣吏弊旗車徒皆坐

中軍中軍之將也天子六軍三三而居一偏羣吏既聽誓各復其部曲中軍之將令鼓鼓以作其士衆之氣也○鼙鼓人者中軍之將師帥旅帥也司馬兩司馬也振鐸以作衆作起也既起鼓人擊鼓以行之伍長鳴鐲以節之伍長一曰公司馬及表自後表前至第二表也三鼓者鼓人也鄭司農云摝讀如弄玄謂如涿鹿之鹿掩上振之爲摝摝者止行息氣也司馬法曰鼓聲不過閶鼙聲不過闒鐸聲不過琅○摝音鹿李扶表反鐸待洛反涿丁角反沈音濁劉音獨閶吐剛反闒吐獵反劉湯荅反琅音郎

疏 中軍至皆坐○釋曰此經揔說聽誓既巳將欲向南第二表象戰陳初發面敵此即仲春振旅疾徐坐作之事一也○注中軍至過琅○釋曰中軍中軍之將也者此六軍三軍居一偏皆自有中軍也

是以鄭云天子六軍三三而居一偏也言三三者非謂如筭法云三三而九者直是兩箇三爲三而復三三而已也云羣吏既聽誓命各復其部曲者軍吏本各主其部分曲別謂若伍長主五人兩司馬主二十五人卒長主百人之等皆是部曲至於誓之時出向衆前聽誓訖各復其部伍本處故云復其部曲也云中軍之將令鼓者經云中軍以鼙令鼓故知中是中軍之將也云鼓以作其士衆之氣者春秋左氏曹劌云一鼓作氣再而衰三而竭是鼓以作士衆之氣也云鼓人者中軍之將師帥旅帥也者按左氏成二年傳晉與齊戰于鞌郤克傷於矢曰余病矣張侯曰師之耳目在吾旗鼓進退從之於是右援枹而鼓之時郤克擊鼓哀三年左傳鐵之戰趙簡子云伏弢嘔血鼓音不衰是皆將居鼓下知兼有師帥旅帥者按上文春辨鼓鐸云軍將執晉鼓師帥執提旅帥執鼙皆是鼓人故知是軍將師帥旅帥也其卒長執鐃已下皆金非鼓也云司馬兩司馬也者以其上文云兩司馬執鐸故知此經云司馬振鐸者是兩司馬也云以作衆者金雖非鼓振之者亦是以作衆也云作起也既起鼓人擊鼓以行之者釋經車徒皆作鼓行也云伍長鳴鐲以節之者上文云公司馬執鐲鼓人職云金鐲節鼓故云伍長鳴鐲以節之也云伍長一曰公司馬者上文云公司馬執鐲是伍長故云一曰公司馬

也先鄭云撝讀如弄者直以撝弄聲相近以振鐸謂之弄也玄謂如涿鹿之鹿者謂從史記黄帝與蚩尤戰于涿鹿之鹿直取音同不從義也此是鹿鹿然作聲也云掩上振之者以手在上向下掩而執之云止行息氣也者按鼓人云金鐸通鼓金鐃止鼓則金鐸是通鼓而云止行息氣者見經云撝鐸即云羣吏弊旗故知金鐸亦得止行息氣也司馬法鼓聲不過閶以下者證鼓聲與鐸聲之有異也

又三鼓振鐸作旗車徒皆作

鼓進鳴鐲車驟徒趨及表乃止坐作如初趨者赴敵尚疾之漸也。春秋傳曰先人有奪人之心及表自第二前至第三。○驟仕救反劉才遘反先悉薦反

〔疏〕注春秋至之心○釋曰昭二十一年冬十月華登以吴師救華氏宋廚人濮曰軍志有之先人有奪人之心注云戰氣未定故也後人有待其衰注云待敵之衰乃攻是其事也

乃鼓車馳徒走及表乃止及表自第三前至前表

鼓戒三闋車三發徒三刺鼓戒戒攻敵。鼓壹。闋車壹轉徒壹刺三而止象服敵○闋苦穴反

〔疏〕注鼓戒至服敵○釋曰經并言三闋三發三刺鄭厤

言鼓一闋車一轉徒一刺三而止者**乃鼓退鳴鐃且**鄭據實而言非是一時而三故也**卻及表乃止坐作如初**鐃所以止鼓。軍退卒長鳴鐃以和衆鼓人爲止之也。退自前表至後表鼓鐸則同習戰之禮出入一也異者廢鐲而鳴鐃。○卻起畧反和胡卧反爲于僞反下爲相疑同【疏】乃鼓至如初。○釋曰此言乃鼓退者謂至南表軍吏及士卒回身向北更從南爲始也云鳴鐃且卻者此鳴鐃且卻據初至南表退軍之時衆在軍軍退亦鳴鐃是以左氏哀公傳鐵之戰陳子云吾聞鼓不聞金亦是鳴鐃退軍注及其向北即更爲習戰之事故云及表乃止坐作如初故鄭云習戰之禮出入一也。○注鐃所至鳴鐃。○釋曰云鐃所以止鼓者鼓人職云金鐃止鼓是也知卒長鳴鐃者春辨鼓鐸云卒長執鐃是也云退自前表至後表者經畧言表則及表乃止坐作如初者摠向北三表故鄭云自前表至後表也云鼓鐸則同者鼓人三鼓兩司馬執鐸與向南時同以其習戰之禮出入一也云異者廢鐲而鳴鐃者前向南時云鼓行鳴鐲此北向不言鳴鐲而言鼓退鳴鐃以其雖習戰出入一猶衆退軍故鳴鐃也**遂以狩田以旌爲左右和之門羣吏各帥**

其車徒以敘和出左右陳車徒有司平之旗居卒間以分地前後有屯百步有司巡其前後險野人爲主易野車爲主冬田爲狩言守取之無所擇也軍門曰和今謂之壘門立兩旌以爲之敘和出用次第出和門也左右或出而左或出而右有司平之鄉師居門正其出入之行列也旗軍吏所載○分地調其部曲疏數前後有屯百步車徒異羣相去之數也車徒畢出和門鄉師又巡其行陳鄭司農云險野人爲主人居前易野車爲主車居前○分扶問反又如字注同易以豉反注同壘力軌反

【疏】遂以至爲主○釋曰此一節揔論教戰訖入防田獵之事故云遂以狩田也云以旌爲左右和之門者六軍分三軍各處東西爲左右各爲一門云以致和出者以教戰處內故以田處出云旗居卒間者軍吏各領己之士卒執旗以表之故旗居卒間也○注冬田至居前○釋曰云冬田爲狩言守取之無所擇者對春夏言蒐言苗有所擇又秋名獮中殺者多對此圍守之此又多於獮故得守名也云軍門曰和者左氏傳云師克在和不在衆田獵象戰伐故其門曰和門也云今謂之壘門者漢時

軍壘爲門名曰壘門與古和門同故舉爲說云立兩旌以爲之者昭八年穀梁傳云秋蒐於紅正也又云刈蘭以爲防置旃以爲轅門以葛覆質以爲槷注云質椹也槷門中臬又云流旁握御轚者不得入注流旁握謂車兩轊頭各去門邊容握握四寸也又車攻詩傳云大艾草以爲防或舍其中褐纏旃以爲門裘纏質以爲槸門容握驅而入擊則不得入左者之左右者之右然後焚而射焉又云古者戰不出頃田不出防是其事也云有司平之鄉師居門正其出入之行列也者按鄉師職云巡其前後之屯而戮其犯命者斷其爭禽之訟故知此經云有司皆是鄉師也云車徒異羣者出軍之時一車甲士三人步卒七十二人車徒同羣今在軍行列之時則車徒異羣故車人有異也

既陳乃設驅逆之車有司表貉于陳前驅驅出禽獸使趨田者也逆逆要不得令走設此車者田僕也○驅起具反又如字要於遥反

疏既陳至陳前○釋曰前經論陳車徒訖故此云既陳云乃設驅逆之車設訖即爲表貉之祭於陳前也○注驅驅至僕也○釋曰云驅驅出禽獸使趨田者按王制云天子發諸侯發皆不云佐車者其實天子諸侯田時皆有驅逆之佐車直於大夫言之者據終而言也知設此車是田僕者見田僕職

云設驅逆之車故知也

中軍以鼙令鼓，鼓人皆三鼓，羣司馬振鐸，車徒皆作，遂鼓行，徒銜枚而進。大獸公之，小禽私之，獲者取左耳。

羣司馬謂兩司馬也。枚如箸，銜之，有繣結項中。軍法止語，爲相疑惑也。進，行也。鄭司農云：「大獸公之，輸之於公。小禽私之，以自畀也。《詩》云：『言私其豵，獻肩于公。』一歲爲豵，二歲爲豝，三歲爲特，四歲爲肩，五歲爲慎。此明其獻大者於公，自取其小者。」玄謂慎讀爲麎。《爾雅》曰：「豕生三曰豵，豕牝曰豝，麋牝曰麎。」獲，得也，得禽獸者取左耳，當以計功。○箸，直慮反。繣，戶卦反，劉又胡麥反，或音卦。畀，必二反，與也。豝音巴，本亦作巴。慎，如字，亦音辰。麎音辰，又音脣，止尸反，麎，麋牝也。豵，本亦作縱，子工反。

疏 「中軍」至「左耳」。釋曰：此令鼓之事，與上文教戰時大同，惟徒銜枚爲異。○注「羣司」至「計功」。釋曰：鄭知羣司馬謂兩司馬者，上文春辨鼓鐸云「兩司馬振鐸」，故知之也。云「枚如箸，銜之，有繣結項中」者，雖無正文，以意言之。繣即兩頭繫也，既有兩繫，明於項後中央結之。先鄭引《詩》云「言私其豵，獻肩于公，一歲爲豵」已下，鄭皆不從者，《豳詩》毛傳云「三歲曰豜」，此云「四歲爲肩」；《爾雅》云「豕生一曰特，二曰

師三曰豵又爾雅云麋牝曰麎無五歲爲慎又魏詩云三歲曰特先鄭皆無可依據故不從也若然豜還是鹿之絶有力者也

及所弊鼓皆駴車徒皆譟

鄭司農云及所弊至所弊之處玄謂至所弊之處田所當於止也天子諸侯蒐狩有常至其常處吏士鼓譟象攻敵剋勝而喜也疾雷擊鼓曰駴譟讙也書曰前師乃鼓𡔷譟亦謂喜也○駴本亦作駭胡楷反李一音亥譟素報反𡔷音符又芳甫反〔疏〕釋曰云及所弊者冬徒弊止之處謂百姓獵止○注鄭司至喜也○釋曰引書曰者書傳文彼說武王伐紂時事

徒乃弊

徒乃弊徒止也冬田主用衆物多衆得取也

致禽饁獸于郊入獻禽以享烝

致禽饁獸于郊聚所獲禽因以祭四方○神於郊月令季秋天子既田命主祠祭禽四方是也入又以禽祭宗廟○饁于輒反劉于法反烝之升反後皆放此〔疏〕徒乃至享烝○釋曰云致禽饁獸于郊者亦謂因田過郊之神位而饋之○注徒乃至宗廟○釋曰月令季秋天子既田云云者證彼祭禽于四郊與此饁獸于郊爲一物其實彼一解以爲見仲秋祭禽以祠祊爲一也

及師大合軍以行禁令以救無

辜伐有罪師所謂王巡守若會同司馬起師合軍以從所以威天下行其政也不言大者未有敵不尚武○從才用反下同【疏】注師所至尚武○釋曰云師所謂王巡守若會同者以對下文云若大師是出軍法故鄭云未有敵不尚武也若大師則掌其戒令涖大卜帥執事涖釁主及軍器大師王出征伐也涖臨也臨大卜卜出兵吉凶也司馬法曰上卜下謀是謂參之主謂遷廟之主及社主在軍者也軍器鼓鐸之屬凡師既受甲迎主于廟及社主祝奉以從殺牲以血塗主及軍器皆神之。【疏】若大至軍器○釋曰云帥執事涖釁主及軍器者按小子職云釁邦器及軍器彼官釁之而大司馬臨之○注大師至神之○釋曰鄭知臨大卜者按大卜云掌龜之八命一曰征故知也云司馬法曰上卜下謀是謂參之者卜在廟又龜有神故云上卜謀人在下故云下謀君居其中故云參也云主謂遷廟之主及社主在軍也者曾子問云軍行則以遷廟之主行左傳祝佗云軍行祓社釁鼓祝奉以從尚書云用命賞于祖不用命戮于社皆是在軍者也及致建大常比軍衆誅後至者比或作庀鄭司農云致謂聚衆也庀具也玄謂致鄉師致民於司馬比校次之也○比必履反注同或毗志反劉芳直反作庀匹是也劉芳美反具也沈方二反 疏 注比或至之也○釋曰先鄭云庀具也者先鄭從古書庀後鄭不從以爲校次者凡物有數者皆須校次乃知具不故不從具也玄謂致鄉師致民於司馬者據鄉師職知之具司馬用王大常者以上文大師王親御六軍故司馬用王之大常致衆若王不親則司馬自用大旗致之

及戰巡陳眡事而賞罰 事謂戰功也○眡音視 疏 及戰至賞罰○釋曰巡陳者司馬當戰對陳之時巡軍陳眡其戰功之事知有其功無功而行賞罰也

若師有功則左執律右秉鉞以先愷樂獻于社 功勝也律所以聽軍聲鉞所以爲將威也先猶道也兵樂曰愷獻于社獻功于社也司馬法曰得意則愷樂愷歌示喜也鄭司農云故城濮之戰春秋傳曰振旅愷以入于晉○鉞音越道音導濮音卜 疏 若師至于社○釋曰云若師有功則左執律右秉鉞以先者謂戰陳知有勝功訖乃執律者示此律聽軍聲尅勝耳右秉鉞示威也○注功勝至于晉○釋曰云律所以聽軍聲者大師職文彼初出軍時大師執聽至此尅勝司馬執之先鄭引

城濮之戰者僖二十八年晉文公敗楚於城濮兵入曰振旅整衆而還歌愷樂而入晉彼諸侯法與此天子禮同故引爲證也趙商問夏官師有功則獻于社春官大司樂王師大獻則令奏愷樂注云大獻獻捷於祖不達異意鄭荅曰司馬主軍事之功故獻於社大司樂宗伯之屬宗伯主宗廟故獻于祖若然軍有功二處俱獻以其出軍之時告于祖宜于社故反必告也

若師不功則厭而奉主車鄭司農云厭謂厭冠喪服也軍敗則以喪禮故秦伯之敗於殽也春秋傳曰秦伯素服郊次鄉師而哭玄謂厭伏冠也奉猶送也送主歸於廟與社○厭於涉反李一音於入反注同殽戶交反劉音豪鄉師許亮反

疏注鄭司至與社○釋曰春秋秦伯事左傳僖三十三年秦師襲鄭之事按彼僖三十年秦晉圍鄭鄭使燭之武說秦伯秦師退使杞子逢孫楊孫戍鄭至僖三十三年秦使孟明視白乙丙西乞術襲鄭將至鄭逢商人弦高將市于周詐之秦師還至殽晉師與姜戎敗之獲三帥因之於晉晉舍三帥還秦伯素服郊次鄉師而哭之是其事也玄謂厭伏冠也者按下曲禮云厭冠不入公門彼差次當緦小功之冠以義言之五服之冠皆厭以其喪冠反吉冠於武上向內縫之喪冠於武下向上縫之以伏冠在武故得厭伏之名按檀弓注

厭冠喪冠其服亦未聞若然先鄭引泰伯素服者彼據在國向外哭此則從外向內不同故云其服未聞後鄭不破者已有壇弓注此從破可知

王弔勞士庶子則相師敗王親弔士庶子之死者勞其傷者則相王之禮庶子卿大夫之子從軍者或謂之庶士○勞力報反注同相息亮反注同

注師敗至庶士○釋曰按宮伯云掌宮中士庶子注云士適子庶子其支庶與此注云庶子爲卿大夫之子適庶俱兼則經中士爲卿大夫士之子身與宮伯注不同者彼宮正掌卿大夫士身宮伯別掌士庶子士庶子爲適子支子明矣此惟一文云弔勞士庶子不見別有弔勞卿大夫士身故分之鄭望經爲注故不同也若然此注不云士之子者以其卿大夫之適子爲王與后與士同故親弔勞之士之子如衆人不得爲王及后如士故不弔勞之也

大役與慮事屬其植受其要以待攷而賞誅大役築城邑也鄭司農云國有大役大司馬與謀慮其事也植謂部曲將吏故宋城春秋傳曰華元爲植巡功屬謂聚會之也要者簿書也考謂考校其功玄謂慮事者封人也於直役司馬與之植築城楨也屬賦丈尺與其用人數○與慮音預又如字注與謀同屬音燭注同植直吏反注

同華戶化反楨音貞〔疏〕大役至賞誅○釋曰此謂築城邑之時封人屬其植者屬謂屬聚徒役計其人數賦其丈尺以課其功也植者版幹之屬計其人事各使備足也○注大役至人數○釋曰先鄭以爲與慮事大司馬與在謀慮其事中後鄭從之增成其義按宣十二年楚令尹蔿艾獵城沂使封人慮事以授司徒注云封人司徒之屬官是封人慮事司馬與在謀慮中也春秋宋華元者按宣二年左氏傳云宋城華元爲植巡功注云植將主也先鄭云植謂部曲將吏屬謂聚會之後鄭不從以爲植築城楨也屬賦丈尺與其用人數者按昭三十二年晉士彌牟營成周計丈數揣高卑度厚薄仞溝洫又云以令役於諸侯屬役賦丈尺宣十一年計慮用人功之數以此知屬謂賦丈尺與人數也

大會同則帥士庶子而掌其政令帥師以從王〔疏〕注帥師以從王○釋曰知帥師以從王者按諸子職云若會同賓客作羣子從注云從從王是其事也

若大射則合諸侯之六耦大射王將祭射于射宮以選賢也王射三侯以諸侯爲六耦〔疏〕若大至六耦○釋曰王大射之時有諸侯來朝在京師者大司馬令之爲

六耦○注大射至六耦○釋曰云大射王將祭射于射宮以選賢也者按禮記射義云古者天子之制諸侯歲獻貢士於天子天子試之於射宮而中多者得與於祭大射禮亦射於郊學宮中皆是爲祭選士故云選賢也云王射三侯者司裘云王大射則共虎侯熊侯豹侯是也此大射是將祭而射故用諸侯爲六耦若賓射射人亦用六耦但不用諸侯當用卿大夫爲之燕射三耦自然用卿大夫已下爲之

大祭祀饗食羞牲魚授其祭牲魚魚牲也祭謂尸賓所以祭也鄭司農云大祭大司馬主進魚牲○食音嗣後饗食皆放此

（疏）至其祭○釋曰大祭祀謂天地宗廟此大祭據祭廟而言其中小之祭祀亦爲之矣饗食謂諸侯來朝上公三饗三食之等行之在廟故與大祭祀同皆羞進魚牲○注牲魚至魚牲○釋曰云祭謂尸賓所以祭也者大祭祀授尸祭饗食授賓祭祭者魚之大臠即少牢下篇云主人主婦尸侑各一魚加膴祭於其上膴謂魚之反覆者公食大夫亦云授賓祭故云祭謂尸賓所以祭若王祭則膳夫云授王祭是也先鄭云大司馬主進魚牲者必使司馬進之者司馬夏官夏陰氣所起魚水物亦陰類故使司馬進之也

大喪平士大夫鄭司農云平一其服也玄謂平者正其職與其

位【疏】大喪平士大夫○釋曰必使司馬平之者司馬之屬有司士主羣吏今王喪不得使司士故司馬平之○注鄭司至其位○釋曰先鄭云平一其服也者後鄭不從者小宗伯已懸衰冠故後鄭以爲平者正其職與其位也

喪祭奉詔馬牲王喪之以馬祭者蓋遣奠也奉猶送也送之至墓告而藏之○遣奠棄戰反後遣奠遣車之類皆同【疏】注王喪至藏之○釋曰鄭知喪祭是大遣奠者以其喪奠反虞卒哭喪祭之等無奉送詔告惟有大遣奠入壙之時有奉送之事故知喪祭是大遣奠耳

附釋音周禮注疏卷第二十九

奉新盧氏宣旬校字

嘉慶二十年重栞
用文選樓藏本校定

知南昌府張敦仁署鄱陽縣候補知州周澍栞

周禮注疏卷二十九挍勘記　　阮元撰盧宣旬摘錄

附釋音周禮注疏卷第二十九

大司馬

使稱才仕用　閩監毛本仕作任此誤下同

監監一國　余本嘉靖本閩監毛本同釋文出監國二字則一爲衍文當删正

職謂職稅也　宋本余本嘉靖本作賦稅與儀禮經傳通解合此誤

次國三之　按下脫一字

馮弱犯寡則眚之　閩監本眚誤青禮說云眚公羊作省省與眚通○按字書韻書無青字

有鍾鼓曰伐　嘉靖本同閩監毛本鍾改鐘下及疏同

彼不言粗　閩監毛本粗改麤非下同

壇讀如同墠之墠　漢讀考作讀爲

壇讀從憚之以威之憚書亦或爲墠　釋文云憚之以本或無之字漢讀考作書亦或爲憚云今本作墠誤○按憚之以威見左傳昭公十三年

此則外內之惡兼有　閩監毛本作內外

雖君之衆　孫志祖云左傳無君之二字按詩殷武疏亦有君之二字疑今本左傳有脫文

衛公出奔楚　補毛本衛公作衛侯疑公上脫成字

經本不云殺不云滅　閩本同監毛本云改言

謂若齊襄公淫於外　惠挍本作淫於妹此誤

五千里爲界　賈疏及諸本同段玉裁云當作五百里

故書畿爲近　諸本同案近蓋圻之誤肆師注云故書祈爲幾杜子春讀幾當爲祈小子注又云春官肆

師職祈或作畿是故書作幾作畿也此當云故書圻爲畿鄭司農云畿當爲圻此猶杜從今書作祈不從故書作畿故下引春秋傳天子一圻詩殷頌邦圻千里證之經文畿當作圻淺人據故書改經復援經改注也詩亦古文作邦畿千里今文作邦圻千里○按前說甚誤故書作近古音相似也不當牽合他注爲肌決之語詩古文作畿今文作圻尤爲肌說

蓋中國稍遠　惠挍本蓋作去此誤

不通中國之言也　惠挍本言作名此誤

此九職亦施與邦國　浦鏜云與疑於字誤

地卽據下地之下上　閩本同誤也當從監毛本作下地之上

直取參之一舉整言之之二　閩本同誤也當從監毛本作參

是以書傳文　浦鏜云文當云字誤

諸侯執賁鼓 唐石經諸本同通典七十六賁作鼖注中同案注引鼓人職以賁鼓鼓軍事鼓人字鼖釋文鼖扶云反此釋文賁鼓扶云反賁鼓二字蓋鼖之誤分也經注皆當作鼖○按一經之內用字之例不必畫一此條改經改釋文非是

提持鼓立馬髦上者 通典引此注無鼓字

雖卑同其號 通典卑下有亦此脫

中軍以𪔛令鼓 浦鏜云鼙誤𪔛

無干車 嘉靖本車誤軍

虞行守禽之厲禁也 余本同誤也賈疏嘉靖本毛本行作衡當據正閩本剜改作虞行守禽之之厲禁也複二之字監毛本承其誤

獻肩于公 監本肩作豣據毛詩妄改釋文云獻肩詩作豜知禮注無作豣者

春時鳥獸字乳　宋本作孚乳此誤

謂無干犯他事　閩本同誤也當從監毛本事作車

按山虞皆云　浦鏜云虞下當脫林衡二字

羣吏撰車徒　唐石經余本嘉靖本同閩監毛本羣改群下及注疏並同

以簿書校錄軍實之凡要　嘉靖本簿作薄按釋文簿書步古反後簿書皆放此蓋亦本作薄

東鄉爲人是也　禮說云世本有宋大夫東鄉爲無人字似以爲氏則南鄉甄者亦氏南鄉名甄也漢讀考云惠據廣韻今左氏宋有向爲人鄉向古通疑鄉氏有東鄉南鄉之別段玉裁又云左傳文七年正義云世本宋桓公生公子鱗鱗生東鄉矔是則左傳鱗矔世本作東鄉矔左傳鱗朱向帶向爲人皆桓族也然則世本之東鄉爲人即左傳向爲人無疑鄭注出世本廣韻引世本奪人字耳

凡軍有三種 浦鏜云軍下當脫實

自鄉大夫已下 閩本同監毛本鄉誤卿

孟子云因内政寄軍令 當從毛本作管子

鄉遂大夫則爲諸師也 浦鏜云師當帥字誤

冬夏田主于祭宗廟者 通典于作於

但春時主乎乳 閩毛本同監本乎誤字

鄉遂載物唐石經原刻作遂後磨改爲家按賈疏是遂字漢讀考云此當從石經作鄉家假令是鄉遂則注不得云鄉大夫也

凡旌旗有軍旅者余本閩監毛本同誤也嘉靖本旅作衆通典引此注同當據以訂正臧禮堂云春秋正義隱五年桓五年宣十二年成十六年皆引作軍衆

以略舉之　閩本同監毛本以作亦

不嫌無卿大夫　此鄉大夫之誤

二百里如州長　浦鏜云二百里下脱三百里三字

遂以獮田如蒐田之灋　諸本同唐石經無下由按中夏云遂以苗田如蒐之灋無下田則此爲衍文無疑

上文教載旗旜物訖　浦鏜云戰須二字誤載從儀禮通解續按

云詩曰以社以方者詩大雅　浦鏜云小雅之訛

司常左司馬時也　余本閩監本同嘉靖本毛本左作佐○按左者古之佐字漢人祇用左

注云謂兵車　惠校本車作事此誤

仲秋辨其物以治兵王建大常　惠校本其作旗建作載

四表積二百五十步　浦鏜云三百誤二百疏中同

表兩相各有三軍之衆　浦鏜云相當廂字誤

及表乃止　毛本止誤正

鼓以作其士衆之氣也　通典無也

云羣吏既聽誓命　按注無命字

於是右爰抱而鼓之　毛本爰作援當據正抱亦當作桴譌作扌耳作桴者乃假借字○按說文枹擊鼓杖也當从木而

哀三年左傳鐵之戰　按三當作二

赴敵尚疾之漸也　通典無也

自第二前至第三　通典下有表

戒攻敵也　通典下有也此脫

鼓壹闋　通典壹作一下同按注中不當用古字諸本作壹非疏中皆作一

且卻　唐石經余本嘉靖本閩本同監毛本卻誤郤

鐃所以止鼓　通典下有也

鼓人爲止之也　通典無也

回身向北　惠挍本回作迴

易野車爲主　監本主誤王

旗軍吏所載　通典下有也字

又秋名獮中殺者多　閩監本同誤也當從毛本又作及

褻纏質以爲槸　閩毛本槸誤槷監本誤埶

擊則不得入 閩監本同誤也惠挍本擊作轚當據正毛本誤繫○按說文轚者車轄相擊也

三歲曰豜 閩監毛本豜作豣

象攻敵剋勝而喜也 余本嘉靖本閩本同監毛本剋改尅

因以祭四方神於郊 通典四方下有之

以行禁令以救無辜 監本令誤令辜誤辜閩毛本亦訛辜

帥執事 毛本帥誤師

軍器鼓□之屬 余本嘉靖本毛本及通典皆作鼓鐸當據以補正閩監本作鼓鐘非也

皆神之 通典作皆神明之

比或作庀 葉鈔釋文庀作庇余本載音義同

元謂致鄉師致民於司馬比校次之也 通典作致鄉師致民於司馬也比校

次之

故秦伯之敗於殽也　此本及閩監本殽訛散今據嘉靖本毛本訂正疏中監毛本亦誤

考謂考校其功　余本嘉靖本同閩監毛本上考作攷非○按上文曰校次之此曰考校其功校字皆从木漢人蓋無从手之挍

植築城楨也　閩監毛本同誤也余本嘉靖本楨作楨葉鈔釋文及余本載音義同當據正此本疏及音義皆不誤閩本疏中誤植○按此楨榦字

楚令尹蔿艾獵城所　補鏜云沂誤所

帥師以從王　余本閩監毛本同誤也嘉靖本作帥帥當據正○按帥逗帥以從王四字一句

若大至六耦　閩本同監毛本大下衍射

今王喪不得使司士　宋本缺得

以其喪奠反虞卒哭喪祭之等宋本無下喪此衍

周禮注疏卷二十九校勘記

南昌袁泰開挍

傳古樓景印